H. D. Scheinert   C. Straub   T. Riegel   H. Strehlau-Schwoll
K. Schmolling   F. Tschubar   H. Schmitz (GEBERA GmbH)

Krankenhaus- abrechnung für Ärzte

Grundlagen – Entgeltkombinationen – Erlösbudgets – Fallpauschalen – ICD-10

Springer

Riegel, Theo
Regerstraße 15, 53332 Bornheim

Scheinert, Hanns-Dierk, Dr. med.
Bargweg 40, 22851 Norderstedt

Schmitz, Harald, Dipl.-Kfm.
Geschäftsführer GEBERA Gesellschaft für betriebswirtschaftliche Beratung mbH,
Sachsenring 69, 50677 Köln

Schmolling, Klaus, Dr. rer. pol.
Wulfsdorfer Weg 23, 22926 Ahrensburg

Straub, Christoph, Dr. med.
Kurhausstraße 24, 53773 Hennef

Strehlau-Schwoll, Holger, Dipl.-Kfm.
Ludwig-Erhard-Straße 100, 65199 Wiesbaden

Tschubar, Frank, Dr. med.
Friedrich-Rosengarth-Straße 13, 51429 Bergisch-Gladbach

ISBN 978-3-662-08208-9

Die Deutsche Bibliothek – CIP-Einheitsaufnahme

Krankenhausabrechnung für Ärzte: Grundlagen – Entgeltkombinationen – Erlösbudgets – Fallpauschalen – ICD-10 / H. D. Scheinert ...

ISBN 978-3-662-08208-9   ISBN 978-3-662-08207-2 (eBook)
DOI 10.1007/978-3-662-08207-2

Herstellung: PRO EDIT GmbH, Heidelberg
Umschlaggestaltung: Frido Steinen-Broo, Estudio Calamar, Spanien
Satzherstellung: Satz & Litho Hellinger, Düsseldorf
Gedruckt auf säurefreiem Papier   SPIN 10769062   22/3130/Di   5 4 3 2 1 0

Scheinert et al.
Krankenhausabrechnung für Ärzte

Springer-Verlag Berlin Heidelberg GmbH

Inhaltsverzeichnis

1 Einführung und Zielsetzung

1.1   Fragestellungen

Grundlage für die vorliegende Publikation ist das Standardwerk zur Abrechnung von Krankenhausleistungen, welches im Springer Verlag, Heidelberg, nach Einführung der Bundespflegesatzverordnung 1995 (BPflV '95) im Jahr 1996 erschienen ist. Dieses Handbuch zur Abrechnung von Krankenhausleistungen stellt einen von Krankenhäusern und Krankenkassen akzeptierten Kommentar zur Abrechnung von Fallpauschalen und Sonderentgelten dar. Ausgehend von diesen detaillierten Ausführungen zu den pauschalierten Entgelten stellen sich insbesondere für die im Krankenhaus tätigen ärztlichen und pflegerischen Mitarbeiter zunehmend Fragen zur grundsätzlichen Systematik des Pflegesatzrechts.

Hiermit werden folgende ausgewählte Aspekte berührt:
- Was ist ein Krankenhaus-/Abteilungsbudget und wie setzt es sich zusammen?
- Wie werden Abteilungspflegesätze berechnet?
- Welche Bedeutung haben die privatärztlich liquidierten Einnahmen und die vom Krankenhausträger vereinnahmten Erlöse für nicht-wahlärztliche Leistungen (z.B. 1-Bett-Zimmer etc.)?
- Warum haben die prognostizierten Erlöse aus Fallpauschalen und Sonderentgelten einen Einfluß auf die Höhe der Abteilungspflegesätze?
- Was passiert bei Abweichungen von den prognostizierten Anzahlen zu Fallpauschalen, Sonderentgelten und tagesgleichen Pflegesätzen?

Die o.g. Fragestellungen resultieren aus dem Nebeneinander von pauschalierten Entgelten (Fallpauschalen, Sonderentgelten) und einem Restbudget für nicht-pauschalierte Leistungen. Dieses Finanzierungssystem ist mit der BPflV '95 im Jahre 1995 bzw. 1996 verbindlich für die Krankenhäuser eingeführt worden. Auch wenn zu erwarten ist, daß dieses Mischsystem in der Zukunft durch ein vollständiges – alle Leistungen des Krankenhauses umfassendes – Fallpauschalen-System abgelöst wird (vgl. Kap. 1.2, Kap. 7), sind diese Fragestellungen aktuell von großem Interesse.

Voraussetzung für das Verständnis der Budgetproblematik der Fachabteilung und des Krankenhauses sind Erläuterungen zu Vergütungsformen von Krankenhausleistungen sowie zu den grundsätzlichen gesetzlichen Bestimmungen

(Kap. 2). Aufbauend auf diesen Grundkenntnissen ist der Aufbau und die Ermittlung der Budgets eines Krankenhauses zu behandeln (Kap. 3). Es wird deutlich, daß die konkrete Abrechnungsform im spezifischen Fall (Fallpauschale vs. Sonderentgelt und Abteilungspflegesätze bzw. deren Kombination) Auswirkungen auf die Höhe der Abteilungspflegesätze hat; dabei sind Grundprinzipien der Abrechenbarkeit von Krankenhausleistungen zu beachten (Kap. 4). Dennoch bleiben bei den gegenwärtig geltenden gesetzlichen Bestimmungen generelle Unklarheiten, für die Empfehlungen abgegeben werden (Kap. 5).

Eine wichtige Änderung hinsichtlich der Abrechenbarkeit von Krankenhausleistungen betrifft den Behandlungsanlaß (Diagnose) zur Versorgung des Patienten. Mit der GKV Gesundheitsreform 2000 wird sowohl im niedergelassenen wie auch im stationären Bereich die Kodierung der Erkrankung des Patienten durch den ICD-10 gefordert, der damit den bislang geltenden ICD-9 ablöst. Entsprechende Kommentierungen zum ICD-10 hinsichtlich der Abrechnung von Krankenhausleistungen fehlen bislang und können erst im weiteren Zeitablauf erarbeitet werden. An dieser Stelle sollen daher zunächst die grundsätzlichen Regelungen zum Übergang der Diagnosekodierung ICD-9 auf ICD-10 behandelt werden (Kap. 6).

Abschließend werden im Hinblick auf das durch die GKV Gesundheitsreform 2000 geforderte „durchgängige (vollständige), leistungsorientierte und pauschalierende Vergütungssystem" prinzipielle Überlegungen dargestellt (Kap. 7).

1.2 Grundüberlegungen zur wirtschaftlichen Sicherung von Krankenhäusern

Die Finanzierung von Krankenhäusern erfolgt aus Haushaltsmitteln von Bund, Ländern und Gemeinden sowie über die gesetzliche Krankenversicherung (sogenannte „Duale Finanzierung").

Grundlage für die Finanzierung waren bislang die ermittelten tatsächlichen Kosten der Krankenhäuser (Selbstkostendeckungsprinzip bis Ende 1992). Die Division der pflegesatzfähigen Kosten durch die Berechnungstage ergab den allgemeinen Pflegesatz für das jeweilige Krankenhaus. Der auf diese Weise ermittelte Pflegesatz hatte den Charakter einer Abschlagszahlung auf das in den Pflegesatzverhandlungen vereinbarte Budget.

Die Ausgabenentwicklung im Gesundheitswesen, die in der Vergangenheit zum Teil deutlich über der Entwicklung der Rate der beitragspflichtigen Einnahmen der Mitglieder der gesetzlichen Krankenversicherung (Grundlohnsumme) lag, führte zu permanenten Beitragssatzerhöhungen (Kostenexplosion im Gesundheitswesen).

Die Politik reagierte bereits in den 70er Jahren und versuchte, mit Maßnahmen wie der Einrichtung der Konzertierten Aktion im Gesundheitswesen 1977, der Verabschiedung des Krankenhaus-Kostendämpfungsgesetzes 1981 oder des Gesundheitsreformgesetzes 1989 der Kostensteigerung Einhalt zu gebieten.

Der Verordnungsgeber hat jedoch keine Möglichkeit, direkt auf die Organe der Selbstverwaltung Einfluß zu nehmen; er hat lediglich die Funktion der Rechtsaufsicht. Die Vergangenheit zeigt, daß die bisherigen Bemühungen zur Kostendämpfung im Gesundheitswesen langfristig nicht erfolgreich waren. Kurzfristigen Kosteneinsparungen folgten neue Ausgabensteigerungen.

Eine Trendwende hinsichtlich der Kostenexplosion im Gesundheitswesen soll durch das 1993 in Kraft getretene Gesundheitsstrukturgesetz (GSG) erreicht werden.

Ziel des Gesetzes ist es, Beitragssatzstabilität für die Mitglieder der gesetzlichen Krankenversicherung zu erreichen. Durch eine einnahmenorientierte Ausgabenpolitik soll eine Kopplung der Ausgaben an die Einnahmen erreicht werden. Kernstück dieses Vorhabens war die sogenannte Budgetierung auf Basis der Ausgaben des Jahres 1992. Dies bedeutete, daß die Ausgaben der Jahre 1993 bis 1995 die des Jahres 1992 nicht übersteigen durften. Eine Angleichung des Budgets an die allgemeine Lohnentwicklung wurde jedoch berücksichtigt (Veränderungsrate der Grundlohnentwicklung).

Mit Inkrafttreten der BPflV ist diese Regelung zum 31. Dezember 1995 verpflichtend ausgelaufen. Die Verbände von Krankenkassen und Krankenhausträgern sind aufgefordert worden, vertragliche Lösungen unter Berücksichtigung der Beitragssatzstabilität zu vereinbaren.

Im Jahre 1995 mußten die Krankenkassen jedoch aufgrund von Änderungen im Bereich der Sozialgesetzgebung Einnahmenverluste hinnehmen, so daß die Beitragssatzstabilität gefährdet wurde. Der Verordnungsgeber hat deshalb das Gesetz zur Stabilisierung der Krankenhausausgaben (StabG ´96) verabschiedet, mit dem eine globale Begrenzung der Krankenhausbudgets für das Jahr 1996 vollzogen wurde. Demnach durften die Budgets maximal in Höhe der Steigerungsrate des Bundes-Angestellten-Tarifvertrags (BAT) angehoben werden.

Die weitere Entwicklung der Krankenhausfinanzierung wird maßgeblich durch die Gesetze zur Neuordnung von Selbstverwaltung und Eigenverantwortung in der gesetzlichen Krankenversicherung (GKV-Neuordnungsgesetze) sowie die 5. Änderungsverordnung zur BPflV (5. ÄndV) determiniert. Mit Bezug zu der hier behandelten Thematik sind dabei insbesondere die Übertragung der Weiterentwicklung von Fallpauschalen und Sonderentgelten auf die Selbstverwaltung, die Teilung ausgewählter Fallpauschalen in jeweils eine Akut- und eine Weiterbehandlungspauschale sowie die Vorgaben zur Abrechnung von Fallpauschalen-Patienten bei kooperativer Leistungserbringung durch zwei Krankenhäuser hervorzuheben.

Obgleich in der Folge der 5. ÄndV zahlreiche Gesetzesvorhaben diskutiert und alljährlich auch die sog. „Budgetdeckelungsgesetze" (z.B. Vorschaltgesetz 1999, GKV Gesundheitsreform 2000) in Kraft getreten sind, haben sich hinsichtlich der Fallpauschalen und Sonderentgelte sowie des Restbudgets keine strukturellen Änderungen ergeben. Die Selbstverwaltung als Verantwortlicher für die Pflege und Weiterentwicklung der pauschalen Entgelte hat bisher marginale Änderungen bei der Höhe der Punkteanzahl, Feinanpassungen an ausgewählten Entgelte sowie eine Klarstellung der Abrechnung durch Formulierung von Abrechnungsbestimmungen vorgenommen.

Allerdings werden mit der GKV Gesundheitsreform 2000 für die Zukunft einschneidende Veränderungen des gesamten Finanzierungssystems für Krankenhäuser gefordert. So ist die Selbstverwaltung nach § 17b KHG verpflichtet worden, ein durchgängiges (vollständiges), leistungsorientiertes und pauschalierendes Vergütungssystem für voll- und teilstationäre Krankenhausleistungen zu vereinbaren. Die Selbstverwaltung muß sich dabei an einem international bereits eingesetzten Vergütungssystem auf der Grundlage der Diagnosis Related Groups (DRG) orientieren. Das System hat „Komplexitäten und Comorbiditäten abzubilden, sein Differenzierungsgrad soll praktikabel sein".

Die Selbstverwaltung wird bereits bis zum 30. Juni 2000 die Grundstrukturen des Vergütungssystems und des Verfahrens zur Ermittlung der Bewertungsrelationen für die Fallpauschalen vereinbaren. Im weiteren soll eine Anpassung des ausgewählten Systems an die besonderen Versorgungsstrukturen der Bundesrepublik Deutschland erfolgen. Nach Vereinbarung des konkreten Entgeltkatalogs und der Bestimmung von Bewertungsrelationen zum 31. Dezember 2001 können Krankenhäuser und Krankenkassen das neue Vergütungssystem im Jahr 2002 erproben. Verbindlich eingeführt wird das Vergütungssystem dann im Jahre 2003 und löst damit das bisherige Entgeltsystem ab.

1.3 Wirkungsweise von FP-Systemen

In der Bundesrepublik Deutschland sind 1995 erstmals Fallpauschalen als Vergütungselemente eingeführt worden, die für etwa 20% der Krankenhausleistungen gelten. Mit der GKV Gesundheitsreform 2000 wird nunmehr die vollständige Abdeckung aller Krankenhausleistungen (Ausnahme: Psychiatrie) gefordert. Aus diesem Grund ist die Kenntnis über die Wirkungen von Fallpauschalen-Systemen wichtig.

In Abbildung 1 werden die in der Praxis beobachteten Auswirkungen der Abrechnung von Krankenhausleistungen am Beispiel der Fallpauschale FP 17.06 (Implantation einer Hüftendoprothese bei Coxarthrose) dargestellt. Ausgangspunkt ist eine durchschnittliche Verweildauer von ca. 37 Tagen zur Patientenbehandlung (Punkt 1 der Abbildung 1) zu einem Zeitpunkt, an dem die Erlöse des Krankenhauses über tagesgleiche Pflegesätze (hier: ca. DM 675 je Pflegetag) erzielt worden sind. Die Erlöskurve ist daher linear steigend. Die Kostenkurve zeigt einen zunächst progressiven Verlauf, der aus dem Ressourcenverbrauch am Aufnahmetag, der Operation und der ggf. postoperativen Intensivphase resultiert. Im weiteren Verlauf der stationären/pflegerischen/krankengymnastischen Behandlung flacht die Kostenkurve ab. Der Zeitpunkt der Entlassung bestimmt sich nach ökonomischen Überlegungen; an dem sog. Break-Even-Punkt (Punkt 1 der Abbildung 1) decken die Erlöse aus tagesgleichen Pflegesätzen die Kosten.

Grundsätzlich anders wird der Entlassungszeitpunkt und damit die durchschnittliche Verweildauer bei Vergütung über Fallpauschalen bestimmt. Hier wird ausgehend von der medizinisch indizierten Verweildauer (Punkt 2 der Abbildung 1) unter Berücksichtigung des indikationsbezogenen Kostenverlaufs im Idealfall ein Preis (=Erlös durch die Fallpauschale) festgelegt, der eine über eine durchschnittliche Anzahl von Patienten betrachtete Kostendeckung erlaubt. Dieser Preis liegt im dargestellten Beispiel mit ca. −25% unter dem Erlös aus tagesgleichen Pflegesätzen (Punkt 3 der Abbildung 1); die medizinisch induzierte Verweildauer ist erheblich kürzer (ca. −49%). Darüber hinaus ist bei einem festen Preis je Leistung zu erwarten, daß die Kosten für die Leistungserbringung durch die Leistungserbringer (Einkaufspreis, bspw. für Implantate; Personalbindung im OP) gesenkt werden. Hieraus resultiert ein Absinken der Kostenkurve, woraus Gewinne für das Krankenhaus sowie Preissenkungsspielräume zugunsten der Kostenträger erwachsen (siehe Pfeil unter Punkt 3 der Abbildung 1).

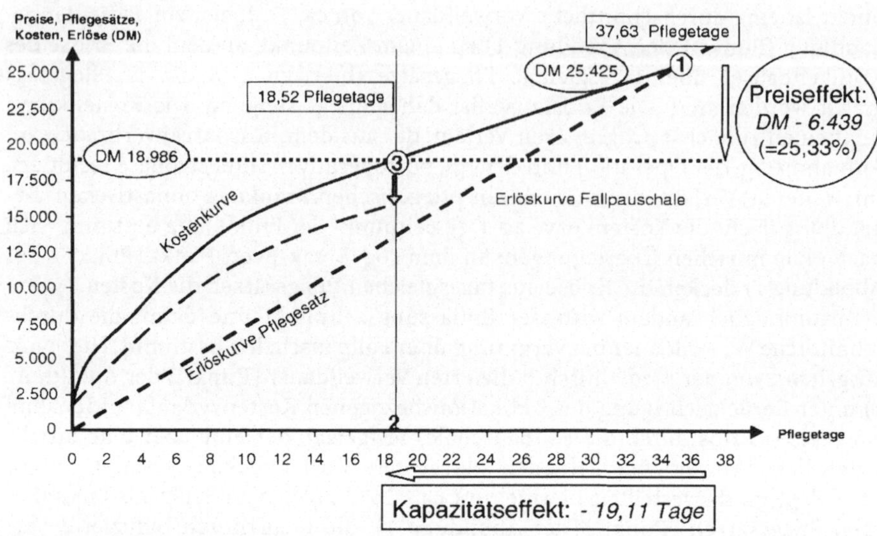

Abbildung 1.1: Wirkungen von Fallpauschalen
Quelle: Rüschmann, Schmolling u.a., Krankenhausplanung für Wettbewerbssysteme, Heidelberg
(Springer Verlag), 2000

Insgesamt sind somit bei Einführung von durchgängigen (vollständigen), leistungsorientierten und pauschalierenden Vergütungselementen (=Fallpauschalen) erhebliche Auswirkungen auf der Ebene von einzelnen Fachabteilungen und Krankenhäusern in der Bundesrepublik Deutschland zu erwarten:

Die notwendigen Kapazitäten (=Betten) in den Krankenhäusern werden extrem reduziert (ausgehend von den in Abbildung 1 angenommenen Zahlen werden bei etwa 150.000 Fällen p.a. der FP 17.06 bundesweit ca. 9.200 Betten nicht mehr benötigt)

Die Erlöse der Krankenhäuser sinken (für die der FP 17.06 zugrunde liegende Indikation resultieren Einsparungen bei den Kostenträgern in Höhe von 966 Mio. DM), auch aufgrund des einsetzenden Preiswettbewerbs

Mit der durch die GKV Gesundheitsreform 2000 vorgegebenen Spezifikation des Entgeltsystems ist eine Weiterentwicklung des gegenwärtig geltenden Fallpauschalen-Systems (statt des Therapiebezugs soll zukünftig die Diagnose die höchste Priorität erhalten) zwar ausgeschlossen. Die in Abbildung 1 dargestellten Auswirkungen der Abrechnung von Patienten über ein – von der Verweildauer des Patienten im Krankenhaus unabhängigen – Entgelt gelten jedoch grundsätzlich unabhängig von der konkreten Ausgestaltung des Entgeltsystems. Die Kenntnis ökonomischer Zusammenhänge ist daher essentiell für die Leistungserbringung im Krankenhaus.

2 Grundlagen zur Abrechnung von Krankenhausleistungen

Im folgenden Kapitel werden die gesetzlichen Grundlagen des geltenden Entgeltsystems behandelt, wobei auf einzelne Paragraphen tiefergehend eingegangen wird. Es folgt eine Darstellung der Krankenhausleistungen, der belegärztlichen Leistungen und der Leistungen nach dem Sozialgesetzbuch Fünf (SGB V) mit den entsprechenden Entgeltformen. Die allgemeinen Entgeltkombinationsmöglichkeiten sowie die besonderen Aspekte der Herzchirurgie, der Leistungen der Transplantationsmedizin, der Geburtshilfe, der Orthopädie/Unfallchirurgie und der Krankenhäuser, die ausschließlich Fallpauschalen abrechnen, schließen sich in Kapitel 4 an.

2.1 Gesetzliche Grundlagen

Die Abrechnung von Krankenhausleistungen wird maßgeblich durch das SGB V sowie die Bundespflegesatzverordnung (BPflV) geregelt. Durch die Änderung des SGB V im Rahmen des Gesundheitsstrukturgesetzes (GSG) wurde die Krankenhausbehandlung um die neuen Behandlungsformen ambulantes Operieren und vor- und nachstationäre Versorgung erweitert. Die BPflV ist Grundlage für die Abrechnung von Krankenhausleistungen und definiert die pflegesatzfähigen Kosten.

2.1.1 Sozialgesetzbuch V

2.1.1.1 Allgemeines

Das SGB V regelt die Verhältnisse zwischen den Versicherten in der Sozialversicherung und den Sozialleistungsträgern im Rahmen der Solidargemeinschaft (Solidaritätsprinzip), wobei der Verordnungsgeber ausdrücklich die Mitverantwortlichkeit der Versicherten erwähnt (Subsidiaritätsprinzip), § 1 SGB V.

2.1.1.2 Krankenhausbehandlung

Durch das GSG wurde der Begriff der Krankenhausbehandlung zum 1. Januar 1993 erweitert. Die Krankenhausbehandlung beschränkt sich nicht mehr ausschließlich auf vollstationäre Leistungen. Der Verordnungsgeber legt in

§ 39 SGB V fest, daß die Krankenhausbehandlung auch ambulant, vor- und nachstationär sowie teilstationär erbracht werden kann. Diese Behandlungsformen haben Vorrang vor der vollstationären Behandlung (vgl. Abb. 2.1).

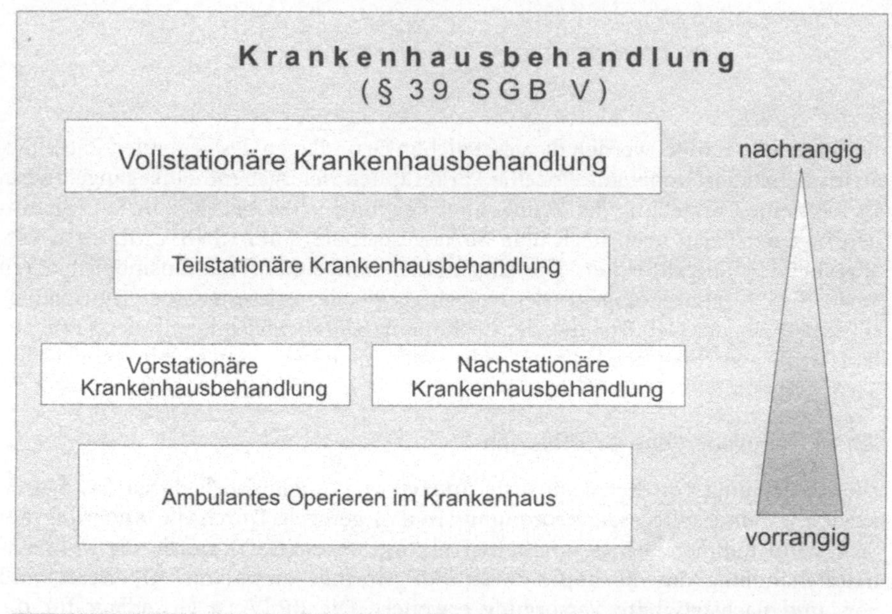

Abbildung 2.1: Rangfolge der Krankenhausbehandlung

Die Krankenhäuser prüfen und bestimmen anhand der gesetzlichen Vorgaben patientenindividuell die erforderliche Behandlungsform. Die Krankenhausbehandlung umfaßt im Rahmen des Versorgungsauftrags alle Leistungen, die im Einzelfall nach Art und Schwere der Erkrankung medizinisch notwendig sind. Diese ist von Rehabilitationsmaßnahmen (§ 107 SGB V) oder einer Anschlußheilbehandlung abzugrenzen.

2.1.1.3 Versorgungsvertrag

Der Versorgungsvertrag nach § 109 SGB V ist Voraussetzung für die Kostenerstattung der Krankenhäuser bei ambulanter und stationärer Behandlung gesetzlich versicherter Patienten.
Ein Versorgungsvertrag kann wie folgt zustandekommen:
- Durch vertragliche Einigung zwischen den Landesverbänden der Krankenkassen sowie den Verbänden der Ersatzkassen einerseits und dem Krankenhausträger andererseits.
- Hochschulkliniken erhalten ihren Versorgungsauftrag durch Aufnahme in das Hochschulverzeichnis lt. § 4 Hochschulbauförderungsgesetz.
- Plankrankenhäuser erhalten ihren Versorgungsauftrag durch die Aufnahme in den Krankenhausplan des Landes.

Ziel des Versorgungsvertrags ist es, die stationäre medizinische Versorgung der Bevölkerung in allen Fachdisziplinen sicherzustellen.

Dies beinhaltet auch, daß der Versorgungsvertrag die Versorgungsstufe eines Krankenhauses bestimmt. Das jeweilige Leistungsspektrum ist im Rahmen des Versorgungsauftrags zu verhandeln (vgl. Kap. 5.1.3).

Entscheidend für den Abschluß des Versorgungsvertrags, § 4 BPflV, ist die Sicherstellung einer leistungsfähigen und wirtschaftlichen Krankenhausführung. Die Wirtschaftlichkeit und Leistungsfähigkeit eines Krankenhauses kann im Zweifelsfall gemäß § 113 SGB V durch einen unabhängigen Prüfer untersucht werden.

Da sich der Bedarf an Krankenhausbetten bisher überwiegend aus der Krankheitshäufigkeit, der durchschnittlichen Verweildauer und Bettennutzung sowie der Einwohnerzahl bestimmt hat (analytische Bettenbedarfsformel), können Versorgungsverträge bei Veränderungen in der Bedarfsstruktur durch die Landesverbände der Krankenkassen und durch den Krankenhausträger mit Genehmigung der zuständigen Landesbehörde (nach Maßgabe des § 110 Abs. 1 und 2 SGB V) aufgekündigt werden. Von dieser Option wird gegenwärtig in einigen Bundesländern Gebrauch gemacht.

2.1.1.4 Vor- und nachstationäre Behandlung

Die vor- und nachstationäre Behandlung richtet sich nach § 115a SGB V. Ziel ist es, den stationären Aufenthalt der Patienten zu verkürzen und die Durchführung notwendiger Untersuchungen effizienter zu gestalten.

Die vorstationäre Behandlung dient der Abklärung oder der Vorbereitung eines vollstationären Krankenhausaufenthalts. An den vollstationären Aufenthalt kann sich die nachstationäre Behandlung anschließen. Sie dient der Sicherung oder Festigung des Behandlungserfolgs. Bei der Wahl der Behandlungsform sind neben medizinischen auch soziale Aspekte zu berücksichtigen. Ob ein Versicherter im einzelnen für diese Behandlungsform in Betracht kommt, entscheidet der verantwortliche Arzt im Krankenhaus einvernehmlich mit dem Patienten.

Die Spitzenverbände der Krankenkassen und die Deutsche Krankenhausgesellschaft vereinbaren spezielle Pflegesätze zur Abrechnung dieser Leistungen.

2.1.1.5 Ambulantes Operieren

Die Durchführung von ambulanten Operationen nach § 115b SGB V stellt neben der vor- und nachstationären Behandlung eine zusätzliche Erweiterung des Leistungsspektrums der Krankenhäuser dar. Die Grundlage bildet ein dreiseitiger Vertrag zwischen den Spitzenverbänden der Krankenkassen, der Deutschen Krankenhausgesellschaft und der kassenärztlichen Bundesvereinigung. Die Vergütung der erbrachten Leistungen richtet sich nach dem einheitlichen Bewertungsmaßstab (EBM) für Versicherte der gesetzlichen Krankenversicherung (GKV) und der Gebührenordnung für Ärzte (GOÄ) für Selbstzahler. Die Leistungen sind im Katalog der ambulanten Operationen zusammengefaßt. Neben der vor- und nachstationären Behandlung soll insbesondere die Durchführung ambulanter Operationen den stationären Bereich der Krankenhäuser entlasten.

2.1.1.6 Datenübermittlung von Krankenhäusern zu Krankenkassen

Die Krankenhäuser sind gemäß § 301 SGB V verpflichtet, die Daten der Krankenversichertenkarte der Versicherten und ausgewählte Daten zur Abrechnung maschinenlesbar an die Krankenkassen zu übermitteln. Aufgrund der bis heute noch nicht im Detail definierten Vereinbarung zur Datenübermittlung erfolgt die Datenlieferung jedoch noch auf konventionellem Wege. Gegenwärtig kann keine Aussage darüber getroffen werden, wann die Datenübermittlungsvereinbarung und damit auch die maschinenlesbare Abrechnung für die Krankenhäuser verbindlich wird.

Die Krankenversichertenkarte enthält den Namen und die Anschrift des Versicherten sowie Krankenversicherungsnummer und -status. Die Einzelheiten regelt § 291 SGB V.

Darüber hinaus sind zu übermitteln:

- Diagnosen nach dem vierstelligen Schlüssel der Internationalen Klassifikation von Krankheiten (ICD) und
- Operationen nach dem fünfstelligen amtlichen Operationenschlüssel nach § 301 SGB V (OPS-301).

Die Krankenhäuser sind nach § 301 Abs. 2 SGB V verpflichtet, die Diagnosen nach dem ICD-Schlüssel und die Operationen nach dem OPS-301-Schlüssel zu erfassen. Die ICD-Schlüsselung wird bereits seit 1986 auf Basis eines dreistelligen Codes in den Krankenhäusern durchgeführt. Seit 1995 sind die Krankenhäuser zur Dokumentation der Diagnosen nach dem vierstelligen Schlüssel des ICD (ICD-9) verpflichtet. Der Gesetzgeber beabsichtigt, die 10. Revision des Schlüssels der Internationalen Klassifikation von Krankheiten (ICD-10) ab dem Jahre 2000 für die Krankenhäuser und die niedergelassenen Ärzte verbindlich vorzugeben.

Mit Inkrafttreten der 5. ÄndV zur BPflV wurde die Verwendung des amtlichen Operationenschlüssels nach § 301 SGB V verbindlich. Die OPS-Verschlüsselung entspricht dabei auf der 5. Kodeebene der vormals verwendeten Verschlüsselung nach der Internationalen Klassifikation der Prozeduren in der Medizin (ICPM). Ihre primäre Funktion besteht in der Kodierung der Prozeduren (Operationsleistungen). Die OPS-Anwendung bildet die Basis für die Leistungserfassung im Operationsbereich und den Informationsaustausch zwischen Krankenhäusern und Krankenkassen zur Abrechnung von Krankenhausleistungen. Sie dient auf diese Weise der Schaffung von Kosten- und Leistungstransparenz. ICD- und OPS-Schlüssel werden somit auch die wesentlichen Bezugsgrößen des Krankenhausvergleichs nach § 5 BPflV sein.

Die Vorgaben des § 301 SGB V zur Schlüsselung der Operationen sind gesetzliche Mindestforderungen. Der vom Verordnungsgeber vorgesehene fünf- bzw. teilweise sechsstellige Operationenschlüssel ist für eine wissenschaftlich auswertbare Dokumentation bzw. für die Qualitätssicherung nicht immer ausreichend tief gegliedert. Die umfassende Anwendung des sechsstelligen ICPM-Schlüssels, der den amtlichen Schlüssel beinhaltet, ist den Krankenhäusern zu empfehlen.

2.1.2 Bundespflegesatzverordnung 1995

2.1.2.1 Allgemeines

Das Krankenhausfinanzierungsgesetz (KHG) ist die Rechtsgrundlage für die Bundespflegesatzverordnung (BPflV) sowie für die 1. bis 5. Änderungsverordnung zur BPflV. § 16 KHG ermächtigt die Bundesregierung, Vorschriften hinsichtlich der Pflegesätze und der Leistungsabgrenzung innerhalb des Krankenhauses zu erlassen.

Mit der 5. ÄndV, die zum 01. 01. 1998 in Kraft getreten ist, ist die Verantwortung für die Weiterentwicklung und Pflege der Entgeltkataloge und Abrechnungsbestimmungen für Fallpauschalen und Sonderentgelte auf die Selbstverwaltung (Spitzenverbände der Krankenkassen und Deutsche Krankenhausgesellschaft) übertragen worden. Detailregelungen zur Abrechnung von Fallpauschalen und Sonderentgelten wurden dabei aus dem Verordnungstext in die Entgeltkataloge verlagert. Die Selbstverwaltung kann diese Regelungen dem jeweiligen Entwicklungsstand der Entgeltkataloge anpassen, ohne daß ein Verordnungsverfahren erforderlich wird (vgl. Kapitel 2.2, S. 17ff).

2.1.2.2 Krankenhausleistungen

Krankenhausleistungen (vgl. Abb. 2.3) bestehen aus allgemeinen Krankenhausleistungen und Wahlleistungen (§ 2 BPflV). Zu den allgemeinen Krankenhausleistungen zählen die ärztliche Behandlung, Krankenpflege, Versorgung mit medizinischem Bedarf sowie die Unterkunft. Diese richten sich nach Art und Schwere der Erkrankung im Rahmen medizinischer Notwendigkeit und Zweckmäßigkeit unter Berücksichtigung der Leistungsfähigkeit des Krankenhauses. Die allgemeinen Krankenhausleistungen werden den Krankenkassen in Form von Pflegesätzen in Rechnung gestellt (Pflegesatzfähige Kosten).

Wahlleistungen sind Bestandteil der Krankenhausleistungen, werden jedoch nicht von der gesetzlichen Krankenversicherung vergütet (Nicht-pflegesatzfähige Kosten). Man unterscheidet ärztliche und nichtärztliche Wahlleistungen. Die Leistungen von Belegärzten und -hebammen zählen u. a. nicht zu den pflegesatzfähigen Krankenhausleistungen.

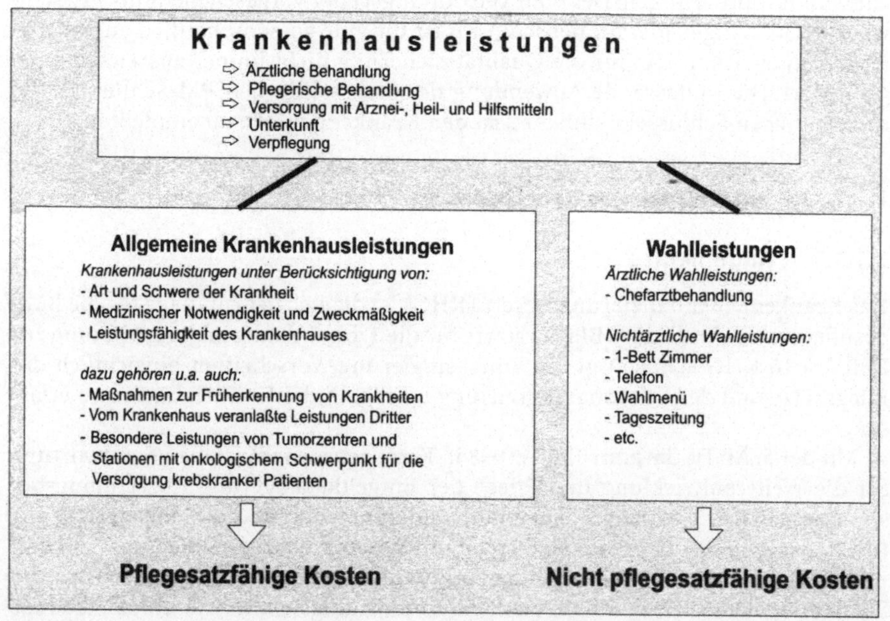

Abbildung 2.2: Krankenhausleistungen

2.1.2.3 Grundlage der Entgeltbemessung

Das Budget und die Pflegesätze werden in Pflegesatzverhandlungen zwischen den Krankenhausträgern und den Krankenkassen für einen zukünftigen Zeitraum vereinbart. Die im Laufe eines Jahres getroffenen Vereinbarungen treten im Folgejahr in Kraft.

Budget und Pflegesätze müssen medizinisch leistungsgerecht sein und es dem Krankenhaus bei wirtschaftlicher Betriebsführung ermöglichen, seinen Versorgungsauftrag zu erfüllen. Grundlage sind die allgemeinen Krankenhausleistungen im Rahmen des Versorgungsauftrags.

Der Begriff „medizinisch leistungsgerecht" ist nicht näher definiert. Die Einführung einer Leistungserfassung und die Führung von Leistungsstatistiken im Krankenhaus sind deshalb erforderlich (vgl. Kap. 5.3). In diesem Zusammenhang kommen der Diagnose- und Operationenstatistik besondere Bedeutung zu.

Der bis zum 31. März 1998 zu konzipierende länderbezogene Krankenhausvergleich (§ 5 BPflV) wird weiter zur Begriffsklärung beitragen. Dabei werden Krankenhäuser und Fachabteilungen mit homogener Leistungsstruktur im Hinblick auf Budget und Pflegesätze miteinander verglichen.

Der Grundsatz der Beitragssatzstabilität (§ 17 Abs. 1 Satz 3 KHG und § 6 BPflV) ist zu beachten. Die Kosten im Gesundheitswesen sollen nur in dem Maße steigen, wie sich die Rate der Grundlohnsumme verändert.

Eine individuelle Betrachtung der Kostenstruktur eines Krankenhauses findet nur dann Berücksichtigung, wenn die bedarfsgerechte Versorgung der Bevölkerung gefährdet ist und das Gesamtkrankenhaus einen Verlust erwirtschaftet. In diesen Fällen können z. B. Zuschläge auf einzelne Fallpauschalen und Sonderentgelte vereinbart werden (§ 11 Abs. 3 BPflV). Finanzielle Einbußen bei einzelnen Fallpauschalen und Sonderentgelten begründen jedoch für sich betrachtet noch keinen Anspruch auf Zuschläge. Dieser Anspruch ist erst dann gegeben, wenn das Krankenhaus nachweisen kann, daß die zur Erfüllung des Versorgungsauftrags notwendigen Fallpauschalen- und Sonderentgeltleistungen insgesamt nur defizitär erbracht werden können.

2.1.2.4 Entgeltarten

Die allgemeinen Krankenhausleistungen (vgl. Abb. 2.3) werden durch die pauschalierten Pflegesätze nach § 11 BPflV (Fallpauschalen und Sonderentgelte) und einen Gesamtbetrag nach § 12 BPflV (Flexibles Budget) in der Form von tagesgleichen Pflegesätzen nach § 13 BPflV vergütet.

Bei der Definition der Fallpauschalen und Sonderentgelte hat sich die Arbeitsgruppe Entgeltsysteme des Bundesministeriums für Gesundheit (BMG) auf die

Erfassung gut abgrenzbarer, „trennscharfer" Leistungen konzentriert. Es wurden auch nur allgemein akzeptierte, „dem Stand der medizinischen Erkenntnis entsprechende" Verfahren berücksichtigt.

Pflegesätze nach § 11 BPflV sind Vergütungen für einen Behandlungsfall (Fallpauschale) oder einen Leistungskomplex (Sonderentgelt) im Rahmen des Krankenhausaufenthalts. Die Entgelthöhe der Fallpauschalen und Sonderentgelte wird i.d.R. auf Landesebene vereinbart und ist verbindlich (Ausnahme: § 11 Abs. 3 BPflV).

Das Budget lt. § 12 BPflV stellt einen Gesamtbetrag für solche Leistungen dar, die nicht mit Fallpauschalen oder Sonderentgelten vergütet werden. Das Budget ist individuell mit den Krankenkassen auf der Grundlage der voraussichtlichen Leistungsstruktur und Leistungsentwicklung nach § 17 Abs. 6 BPflV zu vereinbaren.

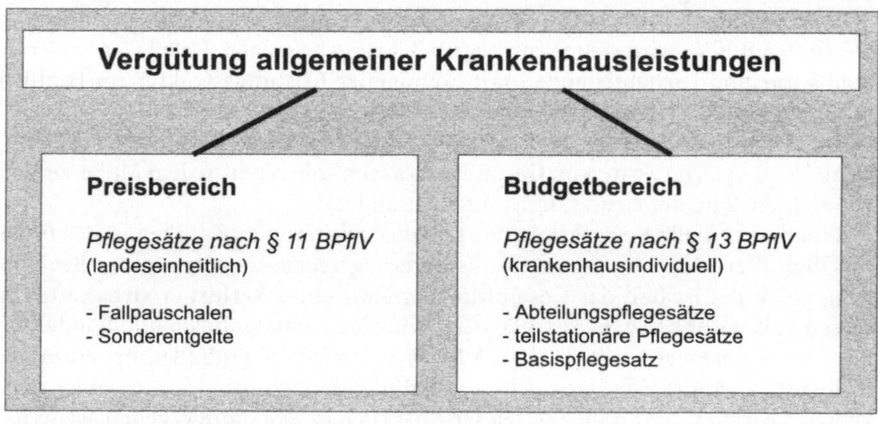

Abbildung 2.3: Vergütung allgemeiner Krankenhausleistungen

2.1.2.5 Modellvorhaben

Mit der Neufassung der §§ 63 bis 65 SGB V durch das 2. GKV-Neuordnnungsgesetz (vgl. Kap. 2.1.3) wurde den Krankenkassen und ihren Verbänden die Möglichkeit eröffnet, zur Verbesserung der Qualität und Wirtschaftlichkeit der Versorgung Modellvorhaben selbst durchzuführen oder mit ihren Vertragspartnern zu vereinbaren. Diese Modellvorhaben sollen der Weiterentwicklung der Verfahrens-, Organisations-, Finanzierungs- und Vergütungsformen der Leistungserbringung dienen. Die Höchstgrenze für die Dauer von Modellvorhaben beträgt 8 Jahre. Da Erkenntnismaterial bereitgestellt werden muß, das der Gesetzgeber und die Selbstverwaltung der Krankenkassen für die Weiterentwicklung der Leistungen und die Organisation und Finanzierung der Leistungserbringung nutzen können, sind die Modellvorhaben wissenschaftlich zu begleiten; die Auswertungsergebnisse müssen in einem von unabhängigen Sachverständigen erstellten Bericht veröffentlicht werden. Im Rahmen eines Modellvorhabens nach § 63 SGB V können abweichend vom Pflegesatzrecht gesonderte Vergütungsregelungen für die Leistungen eines Krankenhauses vereinbart werden. Die Grundsätze der einheitlichen Pflegesätze und der Beitragssatzstabilität werden beibehalten.

Auch die BPflV sieht in § 26 Modellvorhaben vor. Danach können die Vertragsparteien über die Entgeltkataloge hinaus zeitlich befristete Modellvorhaben zur Entwicklung und Erprobung neuer Fallpauschalen und Sonderentgelte vereinbaren. Durch die 5. Änderungsverordnung wird den Vertragsparteien darüber hinaus die Möglichkeit eingeräumt, einzelne Entgelte aus den bestehenden Entgeltkatalogen herauszunehmen und im Rahmen von Modellvorhaben weiterzuentwickeln.

Die Modellvorhaben nach § 26 BPflV ermöglichen den Krankenhäusern auch die Entwicklung und Erprobung neuer Entgeltverfahren. Modellvorhaben nach § 26 BPflV sind ebenfalls zeitlich begrenzt und wissenschaftlich zu begleiten (§ 26 Abs. 1 Satz 5 BPflV, § 17 Abs. 2a Satz 2 KHG).

2.1.3 Sonstige Verordnungen

Beitragsentlastungsgesetz
Im Rahmen des Programms für mehr Wachstum und Beschäftigung in Deutschland wurde das Gesetz zur Entlastung der Beiträge in der gesetzlichen Krankenversicherung – Beitragsentlastungsgesetz – verabschiedet. Damit werden die Krankenhausbudgets in den Jahren 1997 bis 1999 jeweils um ein Prozent (Fehlbelegungsabgabe) gekürzt.

GKV-Neuordnungsgesetze
Zielsetzungen der GKV-Neuordnungsgesetze sind insbesondere die Stärkung der Versichertenrechte, die Ausweitung der Gestaltungsmöglichkeiten der Selbstverwaltung und die Gewährleistung der Beitragssatzstabilität durch erschwerte Bedingungen bei der Erhöhung von Beitragssätzen einzelner Krankenkassen.

Das 1. GKV-Neuordnungsgesetz sieht vor, daß Beitragssatzerhöhungen in Zukunft nur mit Erhöhungen der Zuzahlungen zu Medikamenten, Fahrkosten, Krankenhausaufenthalten und Heilmitteln einhergehen können. Gleichzeitig wird den Versicherten das Recht eingeräumt, bei einer Beitragssatz- (und Zuzahlungs-)Erhöhung der Krankenkasse fristlos zu kündigen. Um die Versicherten vor zu hoher Belastung durch die Zuzahlungen zu schützen, werden die jährlichen Belastungsgrenzen, insbesondere für chronisch Kranke, gesenkt.

Die Schwerpunkte des 2. GKV-Neuordnungsgesetzes werden im folgenden kurz skizziert:

Der Selbstverwaltung soll verstärkt Vorrang gegenüber staatlicher Reglementierung gegeben werden. Daher werden Kompetenzen und Finanzverantwortung der Selbstverwaltung ausgeweitet.

So werden ihr neue Spielräume bei der Gestaltung der Leistungskataloge eingeräumt. Krankenkassen können Leistungen in ihre Satzung aufnehmen, die ausschließlich durch Versichertenbeiträge zu tragen sind. Erstmalig werden dadurch eine individuelle Zu- oder Abwahl von Leistungen und damit spezifische Leistungs-Beitragsoptionen ermöglicht. In diesem Zusammenhang werden den gesetzlichen Krankenkassen zusätzliche Möglichkeiten gegeben, die Beitragszahlung zu gestalten, z. B. Erhöhung bestehender Zuzahlungen, Selbstbehalte bei Kostenerstattung und Beitragsrückerstattung.

Darüber hinaus werden der gemeinsamen Selbstverwaltung von Krankenkassen und Leistungserbringern bei ihrer Vertragsgestaltung weitere Rechte zugestanden, indem beispielsweise die Möglichkeiten von befristeten Modellvorhaben erweitert werden. Auf Bundesebene sollen die Spitzenverbände der Krankenkassen und die Spitzenorganisationen der Leistungserbringer (z. B. häusliche Krankenpflege) gemeinsame Rahmenempfehlungen zur einheitlichen Versorgung vorgeben.

Im Bereich der stationären Versorgung wird der Selbstverwaltung ebenfalls mehr Raum gegeben. Dies wird an einigen Neuregelungen erkennbar:
– Die Entwicklung von Maßstäben zur Personalbemessung wird den Vertragsparteien übertragen; die Pflege-Personalregelung wird aufgehoben.
– Die Großgeräteplanung fällt weg (§ 122 SGB V).
– Die Entgeltkataloge der BPflV werden aus der Verordnung herausgenommen und den Spitzenverbänden der Krankenkassen und der Deutschen Krankenhausgesellschaft übertragen. Die Selbstverwaltung ist zukünftig für die Pflege der Entgeltkataloge, die Festlegung von Abrechnungsbestimmungen und die Weiterentwicklung der Fallpauschalen und Sonderentgelte verantwortlich (vgl. Kapitel 2.2).
Darüber hinaus vereinbaren sie jeweils im Herbst eine Obergrenze für den Zuwachs der Krankenhaus-(Rest-)Budgets. Diese beträgt für das Jahr 1998 1,0% für die alten und 0,8% für die neuen Bundesländer. Bei Veränderung der Punktwerte für Fallpauschalen und Sonderentgelte auf Landesebene darf die Veränderungsrate nicht überschritten werden. Bei der Vereinbarung des Budgets für das einzelne Krankenhaus kann die Obergrenze nach oben geöffnet werden, wenn sich die medizinische Leistungsstruktur oder die Fallzahlen verändern, zusätzliche Kapazitäten für medizinische Leistungen aufgrund der Krankenhausplanung benötigt werden oder Rationalisierungsinvestitionen nach § 18b KHG durchgeführt werden.

Mit dem 2. GKV-Neuordnungsgesetz soll die Finanzierung von Instandhaltungskosten vorübergehend geklärt werden. Für den Zeitraum von 1997 bis 1999 werden befristete Zuschläge auf die Pflegesätze (d. h. pauschal 1,1% des Budgets ohne Ausgleiche) und alle Fallpauschalen und Sonderentgelte (ebenfalls 1,1%) erhoben. Die dadurch bedingten Mehraufwendungen der Gesetzlichen Krankenversicherung werden durch das sog. „Krankenhaus-Notopfer", d. h. einen jährlichen Betrag von DM 20,–, zusätzlich von den Versicherten aufgebracht.

2.2 Neue Aufgaben der Selbstverwaltung

2.2.1. Weiterentwicklung der Kataloge für Fallpauschalen und Sonderentgelte

Die Grundlagen für die Festlegung der Entgeltkataloge im Krankenhausbereich finden sich im Krankenhausfinanzierungsgesetz und in der Bundespflegesatzverordnung insbesondere in den §§ 17 KHG und 15 BPflV. Durch das 2. NOG im Rahmen der 2. Stufe der Gesundheitsreform hat sich hier ein entscheidender Wechsel vollzogen. Während bisher das Bundesministerium für Gesundheit für die Entwicklung dieser Entgeltkataloge zuständig war, ist diese Aufgabe nunmehr mit Wirkung vom 01.01.1998 auf die Selbstverwaltung von Krankenhäusern und Krankenkassen übergegangen. Die Selbstverwaltung der Bundesebene hat damit eine neue, umfangreiche und verantwortungsvolle Aufgabe übertragen bekommen.

Während der Zuständigkeit des BMG sind mit den zuletzt eingeführten „B-Pauschalen" für die Fallpauschalen der Gruppen 09 und 17 insgesamt 94 Fallpauschalen und 147 Sonderentgelte in die Kataloge aufgenommen worden (Anlagen 1 und 2 zur Bundespflegesatzverordnung). Diese Fallpauschalen und Sonderentgelte sind aufgeteilt für Hauptabteilungen und Belegabteilungen. Über diese Entgelte werden derzeit ca. 25% aller Krankenhausleistungen finanziert.

Das BMG hatte für die Aufarbeitung der Thematik eine Arbeitsgruppe „Entgeltsystem" eingerichtet. Unterstützt wurde das BMG durch verschiedene Institute, die insbesondere für die Kalkulation zuständig waren. Vom BMG ist zuletzt noch ein umfangreicher Bericht erstellt worden, in dem insbesondere Vorschläge zur Absenkung der Punktzahlen aufgrund eingetretener Entwicklungen enthalten waren. Dieses „Gutachten zur Weiterentwicklung der Kataloge für Fallpauschalen und Sonderentgelte" ist vom BMG im Juni 1997 veröffentlicht worden. Die Kostenträger hatten gefordert, daß die Absenkungen der Punktzahlen noch vom BMG selbst realisiert werden. Dem ist seitens der Politik nicht entsprochen worden; die Umsetzung der in dem Gutachten enthaltenen Aussagen wurde bereits an die Selbstverwaltung übergeben.

2.2.1.1 Gesetzliche Grundlagen

In § 17 Abs. 2 a KHG finden sich die durch das 2. NOG neu eingeführten Regelungen zur Weiterentwicklung des Entgeltsystems:

Krankenhausfinanzierungsgesetz
§ 17 Grundsätze für die Pflegesatzregelung

(2a) Für die Vergütung von allgemeinen Krankenhausleistungen sind schrittweise Fallpauschalen und Sonderentgelte mit Vorgabe bundeseinheitlicher Bewertungsrelationen einzuführen, die der Abrechnung von Krankenhausleistungen spätestens vom 1. Januar 1996 an zugrunde zu legen sind. Die Entgelte werden bis zum 31. Dezember 1997 in der Rechtsverordnung nach § 16 Satz 1 Nr. 1 bestimmt. Erstmals für den Pflegesatzzeitraum 1998 vereinbaren die Spitzenverbände der Krankenkassen und der Verband der privaten Krankenversicherung gemeinsam mit der Deutschen Krankenhausgesellschaft die Entgeltkataloge und deren Weiterentwicklung; § 213 Abs. 2 des Fünften Buches Sozialgesetzbuch gilt entsprechend mit der Maßgabe, daß das Beschlußgremium um einen Vertreter des Verbandes der privaten Krankenversicherung erweitert wird und die Beschlüsse der Mehrheit von mindestens sieben Stimmen bedürfen. Der Bundesärztekammer ist Gelegenheit zur Stellungnahme zu geben, soweit medizinische Fragen der Entgelte und der zugrundeliegenden Leistungsabgrenzungen betroffen sind. Kommt eine Einigung nicht zustande, entscheidet auf Antrag einer der Vertragsparteien die Schiedsstelle nach § 18a Abs. 6. Die Entgeltkataloge sind für die Träger von Krankenhäusern unmittelbar verbindlich, die Mitglied einer Landeskrankenhausgesellschaft sind; ist der Träger nicht Mitglied einer Landeskrankenhausgesellschaft, sind die Entgeltkataloge der Pflegesatzvereinbarung zugrunde zu legen. Die in der Rechtsverordnung nach § 16 Satz 1 Nr. 1 bestimmten Fallpauschalen und Sonderentgelte gelten ab dem 1. Januar 1998 als vertraglich vereinbart. Erstmals vereinbarte Fallpauschalen und Sonderentgelte sind ab Beginn eines folgenden Kalenderjahres aus dem Budget des Krankenhauses auszugliedern. Die Vereinbarung weiterer Fallpauschalen und pauschalierter Sonderentgelte durch die Landesverbände der Krankenkassen und den Verband der privaten Krankenversicherung gemeinsam mit der Landeskrankenhausgesellschaft ist möglich, die Vertragsparteien nach § 18 Abs. 2 können darüber hinaus zeitlich begrenzte Modellvorhaben zur Entwicklung neuer pauschalierter Entgelte vereinbaren. Mit den Fallpauschalen werden die gesamten Leistungen des Krankenhauses für einen bestimmten Behandlungsfall vergütet. Das vom Krankenhaus kalkulierte Budget ist für die Pflegesatzverhandlungen abteilungsbezogen zu gliedern. Zur Vergütung der Leistungen des Krankenhauses, die nicht durch Fallpauschalen oder Sonderentgelte vergütet werden, sind Abteilungspflegesätze als Entgelt für ärztliche und pflegerische Leistungen und ein für das Krankenhaus einheitlicher Basispflegesatz als Entgelt für nicht durch ärztliche oder pflegerische Tätigkeit veranlaßte Leistungen vorzusehen.

In Satz 1 wird klargestellt, daß für die Vergütung der allgemeinen Krankenhausleistungen „schrittweise" Fallpauschalen und Sonderentgelte mit bundeseinheitlichen Bewertungsrelationen einzuführen sind. Bereits hier gibt es Probleme mit der von beiden Selbstverwaltungspartnern formulierten Absicht, ein Komplettsystem in einem Zuge einzuführen. Es wird deutlich, daß mit der Übertragung der Zuständigkeit für die Entgeltkataloge auch bestimmte Rahmenbedingungen im KHG und in der Bundespflegesatzverordnung entweder angepaßt werden müssen oder ebenfalls in die Zuständigkeit der Selbstverwaltung zu übertragen sind.

Zuständig für die mit Wirkung ab 01.01.1998 übertragene Aufgabe ist bei der Selbstverwaltung einerseits die Deutsche Krankenhausgesellschaft, andererseits die Spitzenverbände der Krankenkassen gemeinsam mit dem Verband der privaten Krankenversicherung. Zu den Spitzenverbänden der Krankenkassen zählen:

- AOK-Bundesverband,
- Bundesverband der Betriebskrankenkassen,
- IKK-Bundesverband,
- Bundesknappschaft,
- Bundesverband der landwirtschaftlichen Krankenkassen,
- Verband der Angestellten-Krankenkassen e. V.,
- Arbeiter-Ersatzkassen-Verband e. V.,
- See-Krankenkasse.

Die Spitzenverbände der Krankenkassen können im Rahmen der Verhandlungen und in der Frage der Anrufung der Bundesschiedsstelle nach § 18 a Abs. 6 KHG nur gemeinsam handeln. Kommt eine gemeinsame Linie nicht zustande, weil es unterschiedliche Auffassungen innerhalb der Spitzenverbände der Krankenkassen gibt, gilt § 213 Abs. 2 des 5. Buches Sozialgesetzbuch entsprechend. Da in diesem Paragraphen allerdings nur die Spitzenverbände der Krankenkassen (also die gesetzliche Krankenversicherung) angesprochen sind, ist das Beschlußgremium um einen Vertreter des PKV-Verbandes zu erweitern. § 213 Abs. 2 SGB V regelt, daß bei einer nicht einheitlichen Linie innerhalb der Spitzenverbände der Krankenkassen abzustimmen ist; dabei haben der AOK-Bundesverband drei Stimmen, die Verbände der Ersatzkassen (VdAK und AEV) zwei Stimmen, alle anderen Spitzenverbände je eine Stimme. Die Stimme der See-Krankenkasse wird auf die drei Stimmen des AOK-Bundesverbandes angerechnet. Soll ein Beschluß zustande kommen, sind mindestens sieben Stimmen erforderlich. Eine Enthaltung wirkt dabei wie eine Nein-Stimme. Zur technischen Durchführung gilt die Geschäftsordnung der Spitzenverbände der Krankenkassen zur Durchführung der Abstimmungsverfahren nach § 213 Abs. 2 SGB V; die Geschäftsstelle hierfür ist derzeit beim Bundesverband der Betriebskrankenkassen in Essen angesiedelt.

Der Bundesärztekammer ist im Gesetz die Gelegenheit zur Stellungnahme eingeräumt worden; allerdings ist dies auf medizinische Fragen der Leistungsdefinitionen beschränkt.

Die Deutsche Krankenhausgesellschaft und die Spitzenverbände der Krankenkassen haben für die Verhandlungen zur Weiterentwicklung der Entgeltkataloge einen „Gemeinsamen Ausschuß zur Weiterentwicklung und Pflege von Fallpauschalen und Sonderentgelten" etabliert (s. Anhang 5-1). Dieser gemeinsame Ausschuß trägt auch den Namen „Koordinierungsausschuß". Werden Themen in diesem Koordinierungsausschuß verhandelt und kommt es zu gemeinsamen Beschlüssen, so treten die vereinbarten Veränderungen oder Ergänzungen mit Beginn eines folgenden Kalenderjahres in Kraft. Neu vereinbarte Fallpauschalen und Sonderentgelte sind auch ab diesem Zeitpunkt aus dem Budget des Krankenhauses auszugliedern. Die auf der Bundesebene von der DKG und den Spitzenverbänden der Krankenkassen festgelegten Entgeltkataloge sind verbindlich und allen Pflegesatzvereinbarungen vor Ort zugrunde zu legen. Ein Abweichen hiervon läßt das Gesetz nicht zu. Auf Landesebene besteht lediglich die Möglichkeit, zwischen den Landesverbänden der Krankenkassen und dem Verband der privaten Krankenversicherung gemeinsam mit der Landeskrankenhausgesellschaft **weitere** Fallpauschalen und pauschalierte Sonderentgelte zu vereinbaren. Hierbei kann es sich allerdings nur um solche Leistungen handeln, für die auf Bundesebene keine Fallpauschalen oder Sonderentgelte vorgesehen sind. Die Einzelheiten hierzu regelt § 16 Abs. 2 BPflV. Des weiteren können die Vertragsparteien auf der örtlichen Verhandlungsebene über die von der Bundesebene festgelegten Entgeltkataloge sowie der darüber hinausgehenden Vereinbarungen der Vertragsparteien auf Landesebene weitergehende Modellversuche zur Entwicklung und Erprobung neuer Fallpauschalen und Sonderentgelte vereinbaren. Auch bei diesen Modellvorhaben kann es sich nur um solche Leistungskomplexe handeln, die weder in den Entgeltkatalogen auf Bundesebene noch den zusätzlichen Vereinbarungen auf Landesebene enthalten sind.

In § 15 Abs. 1 bis 3 BPflV werden die Aufgaben der Selbstverwaltung auf Bundesebene näher präzisiert.

Bundespflegesatzverordnung
§ 15 Vereinbarung auf Bundesebene

(1) Die Spitzenverbände der Krankenkassen und der Verband der privaten Krankenversicherung gemeinsam vereinbaren mit der Deutschen Krankenhausgesellschaft (Vertragsparteien auf Bundesebene)

  1. mit Wirkung für die Vertragsparteien nach § 17 die bundesweit geltenden Entgeltkataloge für Fallpauschalen und Sonderentgelte nach § 17 Abs. 2a des Krankenhausfinanzierungsgesetzes und deren Weiterentwicklung einschließlich der Abrechnungsbestimmungen, und

  2. die für die Beachtung des Grundsatzes der Beitragssatzstabilität maßgebliche Veränderungsrate nach § 6 Abs. 1.

  Sie können nach § 11 Abs. 8 Satz 2 die Vomhundertsätze für den Mehrerlösausgleich bei Fallpauschalen und Sonderentgelten vereinbaren.

(2) Die Spitzenverbände der Krankenkassen und die Deutsche Krankenhausgesellschaft vereinbaren den einheitlichen Aufbau der Datensätze und die Grundsätze für die Übermittlung

  1. der Diagnose- und der Operationsstatistik nach § 17 Abs. 4 Satz 5 und

  2. der weiteren Teile der Leistungs- und Kalkulationsaufstellung.

  Für die Verbindlichkeit der Vereinbarungen gilt § 17 Abs. 2a Satz 6 des Krankenhausfinanzierungsgesetzes entsprechend.

(3) Bei der Vereinbarung der Entgeltkataloge bestimmen die Vertragsparteien nach Absatz 1 die mit Fallpauschalen und Sonderentgelten zu vergütenden Leistungen sowie bundeseinheitliche Bewertungsrelationen. Die Fallpauschalen sind für einen Behandlungsfall nach der Art der zu erbringenden Leistungen oder nach Diagnosen, die Sonderentgelte sind nach der Abgrenzung des § 11 Abs. 2 zu bestimmen. Die Entgelte sind an die Entwicklung der medizinischen Wissenschaft und Technik sowie der Kosten anzupassen. Soweit zur Leistungsabgrenzung Diagnose- oder Operationenschlüssel verwendet werden, sind die in § 301 Abs. 2 des Fünften Buches Sozialgesetzbuch bestimmten Klassifikationen in der jeweils vom Bundesministerium für Gesundheit in Kraft gesetzten Fassung zu verwenden. Die Vertragsparteien geben die Entgeltkataloge oder deren Änderungen einschließlich der Abrechnungsbestimmungen in geeigneter Form gemeinfrei und kostenlos bekannt.

Neben der Weiterentwicklung der Entgeltkataloge sind durch das 2. NOG der Selbstverwaltung auf Bundesebene weitere Aufgaben übertragen worden. Hierzu zählen die Schätzung der Grundlohnsumme zwecks Einhaltung der Beitragssatzstabilität. Als Kann-Regelung ist darüber hinaus die Möglichkeit zur Vereinbarung anderer Ausgleichssätze für den Mehrerlösausgleich bei Fallpauschalen und Sonderentgelten genannt. Die entsprechenden Regelungen findet sich in § 11 Abs. 8 Satz 2 BPflV wieder. Diese theoretische Möglichkeit zur Vereinbarung abweichender Ausgleichssätze besteht immer dann, wenn die Sachkostenanteile bei einzelnen Fallpauschalen oder Sonderentgelten über 50 % liegen. Sowohl die Grundlohnschätzung wie auch die Vereinbarung abweichender Ausgleichssätze für Mehrerlöse kann im Falle der Nichteinigung auf Antrag eines Selbstverwaltungspartners durch die Schiedsstelle nach § 18 a Abs. 6 KHG entschieden werden.

In § 15 Abs. 2 BPflV ist zusätzlich geregelt, daß die Spitzenverbände der Krankenkassen und die Deutsche Krankenhausgesellschaft, diesmal allerdings ohne den Verband der privaten Krankenversicherung, den einheitlichen Aufbau der Datensätze und die Grundsätze für die Übermittlung der Diagnose- und Operationsstatistik nach § 17 Abs. 4 Satz 5 der BPflV (L4- und L5-Statistik) sowie die weiteren Teile der Leistungs- und Kalkulationsaufstellung (LKA) vereinbaren können. Für den Fall der Vereinbarung sind diese Verträge ebenfalls für alle Krankenhäuser verbindlich. Allerdings sind diese beiden letztgenannten Optionen der Selbstverwaltung nicht schiedsstellenfähig. Kommt also hier eine Einigung nicht zustande, gibt es keine Regelung.

In § 15 Abs. 3 BPflV wird geregelt, daß die Vertragsparteien (DKG, Spitzenverbände der Krankenkassen einschl. Verband der PKV) die zu vergütenden Leistungen inhaltlich zu definieren sowie bundeseinheitliche Bewertungsrelationen vorzugeben haben. Diese Bewertungsrelationen werden in den Entgeltkatalogen in Form von Punktzahlen dargestellt. Multipliziert mit den entsprechenden Punktwerten, die auf Landesebene festgelegt werden, ergeben sich die jeweiligen Beträge für die einzelnen Fallpauschalen und Sonderentgelte. Für die Fallpauschalen wird festgelegt, daß die Definition die für einen Behandlungsfall zu erbringenden Leistungen beschreiben soll. Alternativ kann auch eine Beschreibung nach Diagnosen erfolgen. Hier ist der Verordnungsgeber bereits auf die besondere Problematik des chirurgischen und internistischen Bereichs eingegangen. Während im chirurgischen Bereich regelmäßig ein „prägendes" Ereignis in Form einer Operation vorliegt und somit eine Beschreibung der Hauptleistung, also der Operation, ohne Probleme erfolgen kann, wird man im internistischen Bereich andere Wege gehen müssen. Derzeit erscheint es am sinnvollsten, hier Diagnosegruppen zu bilden. Bei diesen Diagnosegruppen wird dann zu unterstellen sein, daß bestimmte Behandlungsprozesse zwangsläufig sind. Zusätzlich zu den festgelegten Leistungsdefinitionen sind in den Entgeltkatalogen zur Leistungsabgrenzung Diagnose- oder Operationsschlüssel zu verwenden; die jeweils amtlichen Fassungen dieser Schlüssel gibt das Bundesministerium für Gesundheit durch Festlegung in § 301 Abs. 2 SGB V vor. Für die Diagnoseverschlüsselung ist dies derzeit die ICD 9 vierstellig, für die Operationen gilt die ICPM 5- bzw. in bestimmen Bereichen 6-stellig. Beide Schlüssel stehen in der Kritik. So wird seit längerem die Ablösung der ICD 9 durch die international längst etablierte ICD 10 gefordert. Allerdings verstehen es bestimmte interessierte Kreise, die Einführung der ICD 10 politisch zu verhindern. Insbesondere die Kostenträgerseite fordert vehement, die ICD 10 verbindlich für den stationären und ambulanten Bereich zeitgleich einzuführen. Die Schlüsselsystematik der ICPM ist ebenfalls mit erheblichen Problemen behaftet. Zum einen gibt es Schlüssel nur für den chirurgischen Bereich, andererseits gibt es immer wieder Probleme, weil die 6. Stelle dieser ICPM zu großen Teilen in Privatbesitz ist. Im Kuratorium für Klassifikationsfragen beim DIMDI wird daher seit längerer Zeit über die Ablösung dieses Prozedurenschlüssels diskutiert.

2.2.1.2 Bildung eines Koordinierungsausschusses

Zur Durchführung der gemeinsamen Aufgabe der Weiterentwicklung der Entgeltkataloge haben die Deutsche Krankenhausgesellschaft und die Spitzenverbände der Krankenkassen unter Einbeziehung des Verbandes der privaten Krankenversicherung einen gemeinsamen Ausschuß gebildet. Dieses – auch Koordinierungsausschuß genannte – Gremium bildet die Plattform zur Diskussion und Verhandlung über die zu bewältigenden Aufgaben. Es wurde eigens eine Vereinbarung geschlossen, die in Anhang 5-1 abgedruckt ist.

Die Beratungen und Verhandlungen in diesem Koordinierungsausschuß dienen der Vorbereitung der im Rahmen der Weiterentwicklung und Pflege von Fallpauschalen und Sonderentgelten zu treffenden Entscheidungen. Höchstes Gremium, in dem die Entscheidungen getroffen werden, bildet das routinemäßig zwischen den Selbstverwaltungspartnern auf Bundesebene stattfindende Spitzengespräch der Deutschen Krankenhausgesellschaft und der Spitzenverbände der Krankenkassen. Soweit es also um Fragen der Entgeltkataloge geht, wird künftig der Verband der privaten Krankenversicherung zu diesen Spitzengesprächen hinzuzuziehen sein. Kommt im Koordinierungsausschuß eine Einigung über ein bestimmtes Thema nicht zustande, muß zunächst dieses „Nicht-Zustandekommen" im Spitzengespräch festgestellt und protokolliert werden. Erst danach kann eine Seite der Vertragsparteien die Schiedsstelle nach § 18 a Abs. 6 KHG anrufen.

Die Aufgaben des Koordinierungsausschusses bestehen sowohl in der grundsätzlichen Weiterentwicklung des leistungsorientierten Vergütungssystems (Entgeltkataloge für Fallpauschalen und Sonderentgelte) sowie auch in der Überprüfung und Anpassung der bestehenden Regelungen. Für beide Bereiche geht es um die Leistungsdefinitionen, die Bewertungsrelationen, die Verschlüsselungsfragen gemäß den geltenden Diagnose- und Operationsschlüsseln nach § 301 Abs. 2 SGB V sowie der Festlegung von Norm- und Grenzverweildauern. Zusätzliches Kriterium ist die Überprüfung, Anpassung und Weiterentwicklung der Abrechnungsregeln.

Beide Seiten der Selbstverwaltungspartner stimmen in der Auffassung überein, daß es insbesondere in Fragen der Leistungsdefinitionen sowie auch der Bewertungs- und Koordinierungsfragen sehr oft um medizinische oder kalkulatorische Detailfragen geht. Zu diesem Zweck ist vorgesehen, daß der Koordinierungsausschuß fachgebietsspezifische Fachgruppen für die jeweiligen medizinischen Fachgebiete sowie eine fachgebietsübergreifende Fachgruppe für die Kalkulation/Bewertung und die Kodierung mit Diagnose- und Prozedurenschlüsseln einsetzt. Für diese Fachgruppen erarbeitet der Koordinierungsausschuß Leitlinien für deren Arbeit; er koordiniert auch deren Ergebnisse.

Beide Seiten entsenden jeweils neun Vertreter in diesen Koordinierungsausschuß, so daß insgesamt 18 Vertreter diesem Gremium angehören. Der Vertreter des Verbandes der privaten Krankenversicherung wird auf die Zahl der Vertreter der Spitzenverbände der Krankenkassen angerechnet. Für jedes Mitglied können bis zu vier Stellvertreter benannt werden. Die derzeitigen Mitglieder des Koordinierungsausschusses sind in Anhang 5-4 aufgeführt.

Den Vorsitz führt abwechselnd ein Vertreter der Deutschen Krankenhausgesellschaft und ein Vertreter der Spitzenverbände der Krankenkassen. Der Vorsitz geht einher mit der Führung der Geschäftsstelle. Diese Geschäftsstelle ist für die organisatorischen Zwecke des Koordinierungsausschusses und der Fachgruppen errichtet worden. Für die ersten drei Jahre ist der Verband der Angestellten-Krankenkassen mit der Führung der Geschäftsstelle beauftragt worden.

Laut Vertrag ist der erste Wechsel zur DKG zum 01.01.2001 vorgesehen. Die Selbstverwaltungspartner sind sich allerdings einig, daß aus Gründen der Kontinuität die Wechselmodalitäten nochmals überprüft werden sollen. Wahrscheinlich wird es zu längeren Perioden der Zuständigkeit kommen.

Die Vereinbarung über die Bildung des Koordinierungsausschuß enthält des weiteren technische Details, die zur Abwicklung der einzelnen Verfahren zu beachten sind. Insbesondere die Zusammensetzung und Arbeitsweise der Fachgruppen ist dort geregelt. Die wichtigsten Inhalte der Vereinbarung sind in Abbildung 2.4 dargestellt. Grundsätzliche/politische Entscheidungen treffen die Vereinbarungs-/Selbstverwaltungspartner im Rahmen von Spitzengesprächen.

Gremien	Aufgabe	Zusammensetzung
A. Koordinierungsausschuß	Erarbeitung von Vorgaben für die Fachgremien. Koordinierung der Ergebnisse der Fachgruppen	9 Vertreter DKG 9 Vertreter Spitzenverbände
B. Fachgruppen		
Definition	Medizinische Definition der Fallpauschalen/Sonderentgelte	2 Vertreter DKG (Ärzte) 2 Vertreter Spitzenverbände (Ärzte) 1 Vertreter BÄK 1 Vertreter AWMF Moderation: je 1 Vertr. DKG/Spitzenverbände
Kalkulation	Kalkulation und Punktzahlbewertung	je 3 Vertreter DKG je 3 Vertreter Spitzenverbände
Codierung	Zuordnung der ICD/ICPM Schlüsselnummern	je 3 Vertreter DKG je 3 Vertreter Spitzenverbände 1 Vertreter BÄK 1 Vertreter AWMF

Abbildung 2.4: Ausschuß zur Weiterentwicklung und Pflege von Fallpauschalen und Sonderentgelten

2.2.2 Bildung einer Bundesschiedsstelle

Bei der unterschiedlichen Zielsetzung und Interessenlage der Krankenhausseite einerseits sowie der Krankenversicherung andererseits muß davon ausgegangen werden, daß selbst bei den erklärten Absichten auf einvernehmliche Lösungen genügend Stoff für Auseinandersetzungen im Rahmen der Weiterentwicklung des Entgeltsystems gegeben ist. Es war daher zwangsläufig, daß der Gesetzgeber mit der Aufgabenübertragung zur Pflege der Entgeltkataloge auch einen Konfliktlösungsmechnismus vorsehen mußte.

Als Instrumente zur Konfliktlösung bieten sich grundsätzlich zwei Möglichkeiten an. Die eine ist eine Ersatzvornahme durch den Gesetzgeber, wie sie beispielsweise in der Vergangenheit in § 19 KHG oder jetzt neuerlich im Transplantationsgesetz vorgesehen ist. Allerdings hat sich der Gesetzgeber durch die Übergabe der Aufgabe zur Weiterentwicklung der Entgeltkataloge an die Selbstverwaltung gerade dieser Pflicht entledigen wollen. Bei einer im Gesetz vorgesehenen „Ersatzvornahme" im Nichteinigungsfall wäre abzusehen gewesen, daß der Gesetzgeber bzw. das Bundesministerium für Gesundheit über kurz oder lang doch wieder zuständig geworden wäre.

Der Gesetzgeber entschied sich daher für die andere Alternative der Etablierung einer Schiedsstelle. Analog der Regelungen für die bereits existierenden Schiedsstellen auf Landesebene wurden im § 18 KHG zusätzliche Vorschriften für die Bildung einer „Bundesschiedsstelle" aufgenommen (vgl. Anhang 5-2). Diese Bundesschiedsstelle ist für alle Sachverhalte zuständig, in denen der Bundesebene sogenannte Selbstverwaltungsaufgaben durch das 1. und 2. Neuordnungsgesetz erwachsen sind. Hierzu zählen derzeit:

- Entscheidung über die Weiterentwicklung der Fallpauschalen und Sonderentgelte nach § 17 Abs. 2 a KHG;
- Festlegung der jährlich prospektiv zu schätzenden Veränderungsrate der beitragspflichtigen Einnahmen der Mitglieder aller Krankenkassen je Mitglied, § 6 Abs. 1 BPflV;
- Festlegung der abweichenden Vomhundersätze für den Mehrerlösausgleich § 11 Abs. 8 BPflV.

Da bereits vor der Verkündung und dem Inkrafttreten des 2. NOG – das die Neuregelungen zur Bundesschiedsstelle enthielt – zum 01.07.1997 die Verhandlungen zur Bildung der Bundesschiedsstelle aufgenommen wurden, konnte die Vereinbarung fristgerecht zum 27.08.1997 zwischen der Deutschen Krankenhausgesellschaft und den Spitzenverbänden der gesetzlichen Krankenversicherung unterzeichnet werden. Diese Fristeinhaltung war notwendig, da der Gesetzgeber für die Vereinbarung selbst eine Ersatzvornahme in Form einer „Schiedsstellenverordnung" vorgesehen hatte. Als Frist für die Einigung der Selbstverwaltung war der 31.08.1997 in § 18a Abs. 6 Satz 9 KHG festgelegt worden.

In Satz 10 dieser Vorschrift wird festgelegt, daß die Rechtsaufsicht über die Bundesschiedsstelle das Bundesministerium für Gesundheit führt; Satz 11 und 12 des § 18 a Abs. 6 KHG regeln, daß gegen die Entscheidungen der Bundesschiedsstelle der Verwaltungsrechtsweg gegeben ist und entsprechende Rechtsverfahren ohne Vorverfahren und ohne aufschiebende Wirkung stattfinden.

Die Entscheidungen der Bundesschiedsstelle erlangen – losgelöst von der Möglichkeit der Klage – direkte Wirkung. Sie bedürfen nicht der Genehmigung einer staatlichen Genehmigungsbehörde. Insoweit unterscheiden sich die Bundesschiedstelle und die Schiedsstellen auf Landesebene. Hintergrund für diese breitere Verteilung der Verantwortung sind die materiellen Auswirkungen dieser Schiedsstellenentscheidungen sowie die umfangreiche und vielfältige Materie, die im Zusammenhang mit der Weiterentwicklung von Fallpauschalen und Sonderentgelten aufzuarbeiten ist. Weiterer Unterschied zu den Landesschiedsstellen ist die Zahl der neutralen Mitglieder; die Bundesschiedsstelle besteht aus einem neutralen Vorsitzenden sowie zwei weiteren unparteiischen Mitgliedern. Hierauf sowie auf die weiteren Vorschriften zur Bundesschiedsstelle hatte die Schiedsstellenvereinbarung einzugehen.

Inhalte der Schiedsstellenvereinbarung

Durch die Vorgaben des Gesetzgebers in § 18 a Abs. 6 KHG werden die wesentlichen Inhalte der Schiedsstellenvereinbarung vorgegeben. So sind das Nähere über die Zahl, die Bestellung, die Amtsdauer, die Amtsführung, die Erstattung der baren Auslagen und die Entschädigung für den Zeitaufwand der Mitglieder sowie die Geschäftsordnung, das Verfahren, die Höhe und die Erhebung der Gebühren und Verteilung der Kosten zu regeln. Folglich regelt die Schiedsstellenvereinbarung:

- Entsprechend der Zahl der Spitzenverbände der Krankenkassen und des Verbandes der Privaten Krankenversicherung werden die jeweiligen „Bänke" DKG und GKV mit neun Vertretern festgelegt. Dazu kommen der unparteiische Vorsitzende sowie die beiden weiteren unparteiischen Mitglieder. Für jedes Schiedsstellenmitglied ist mindestens ein Stellvertreter zu benennen.
- Zur Wahrung der „Neutralität" dürfen weder der Vorsitzende noch die beiden weiteren unparteiischen Mitglieder sowie deren Stellvertreter haupt- oder nebenberuflich bei Krankenkassen oder Krankenhäusern bzw. bei diesen nahestehenden Organisationen (z. B. Verbänden, KH-Trägern usw.) beschäftigt sein.
- Der Vorsitzende und sein Stellvertreter sollen die Befähigung zum Richteramt haben.
- Die regelmäßige Amtsdauer ist mit zwei Jahren bemessen. Die erste Amtsperiode beginnt am 01.01.98 und endet am 31.12.1999. Wiederbestellungen nach Ablauf der Amtsdauer sind zulässig.
- Eine Abberufung des Vorsitzenden und der zwei unparteiischen Mitglieder bzw. deren Stellvertreter ist durch die Vertragspartner möglich, allerdings nur in Form einer gemeinsamen Erklärung aller Vertragspartner. Die übrigen Schiedsstellenmitglieder werden durch ihre jeweiligen Organisationen (DKG bzw. Spitzenverbände/PKV-Verband) benannt oder abberufen.
- Die Schiedsstellenmitglieder führen ihre Schiedsstellentätigkeit ehrenamtlich aus; sie sind in dieser Amtsausübung nicht an Weisungen gebunden.
- Zur Wahrnehmung der organisatorischen Aufgaben der Schiedsstelle, also der Geschäftsführung, wird eine Geschäftsstelle eingerichtet. Diese wird im Wechsel alle drei Jahre bei der Deutschen Krankenhausgesellschaft und einem der Spitzenverbände der Krankenkassen geführt. Als erste hat die Deutsche Krankenhausgesellschaft bis zum 31.12.2000 die Geschäftsführung übertragen bekommen. Für die Geschäftsführung ist eine gesonderte Geschäftsordnung als Anlage 1 in die Schiedsstellenverordnung aufgenommen worden (vgl. Anhang 5-3).
- Eine Entschädigung für Zeitaufwand und Reisekosten erhalten auf der Grundlage von Regelungen in der Schiedsstellenvereinbarung nur der Vorsitzende und die weiteren unparteiischen Mitglieder. Die Abwicklung erfolgt über die Geschäftsstelle, die Höhe der Abgeltung ist in der Anlage 2 zur Schiedsstellenvereinbarung festgelegt. Die übrigen Mitglieder der Schiedsstelle erhalten entsprechende Entschädigungen von den jeweiligen entsendenden Organisationen nach deren Bestimmungen.

Geschäftsordnung

Als Anlage 1 zur Schiedsstellenvereinbarung haben die Vertragsparteien eine Geschäftsordnung für die Schiedsstelle festgelegt. Hierbei geht es in erster Linie um die technischen Dinge. Geregelt werden die wesentlichen Schritte des Schiedsverfahrens wie Antragstellung, Vorbereitung der Schiedsstellensitzung, Auskunftspflicht, mündliche Verhandlung, Hinzuziehung von Sachverständigen und Zeugen sowie Fragen der Beschlußfähigkeit und Abstimmung sowie Entscheidung der Schiedsstelle. Beide Vertragsparteien waren sich einig, daß mit der Bundesschiedsstelle nach § 18 a Abs. 6 KHG auf Bundesebene Neuland beschritten wird und erst Erfahrungen gesammelt werden müssen. Dies gilt auch oder besonders bzgl. der organisatorischen Abwicklung. Hierin ist der Grund für die gesonderte Festlegung einer Geschäftsordnung zu sehen, für die auch kürzere Kündigungsfristen vorgesehen sind (6 Wochen zum Quartalsende, frühestens zum 31.12.1998).

Abstimmung unter den Spitzenverbänden der GKV und dem Verband der Privaten Krankenversicherung

Ein Novum wird mit den Regelungen der Bundesschiedsstelle nach § 18 a Abs. 6 KHG hinsichtlich des Abstimmungsverhältnisses der Kostenträgerverbände untereinander etabliert. Üblicherweise sind die Kostenträger – die verschiedenen Kassenarten und ihre Verbände – sowohl auf der Orts-, Landes- und auch der Bundesebene stets zu gemeinsamen und einheitlichen Vorgehen verpflichtet. Dies betrifft insbesondere die Abschlüsse zu Versorgungsverträgen mit Krankenhäusern und Vorsorge-/Rehaeinrichtungen. Aber auch sämtliche andere Vertragslösungen erlauben keine separaten Einzelregelungen einzelner Kassen oder Kassenverbänden.

Auf Bundesebene regelt § 213 SGB V das Abstimmungsverfahren. Abs. 2 schreibt zunächst vor, daß sich die Spitzenverbände bei allen nach dem SGB V gemeinsam und einheitlich zu treffenden Entscheidungen einigen sollen. Für den Fall der Nichteinigung ist ein Abstimmungsverfahren vorgesehen, bei dem der AOK Bundesverband einschl. Seekrankenkasse 3 Stimmen, die Ersatzkassenverbände 2 Stimmen und die Betriebs-, Innungs-, landwirtschaftlichen Krankenkassen sowie die Bundesknappschaft jeweils eine Stimme haben.

Bei entsprechenden Verfahren auf der Landesebene regelt § 123 SGB V, daß für die Verbände der Krankenkassen auf Landesebene § 213 Abs. 2 SGB V analog gilt.

Auch in den Bestimmungen zur Weiterentwicklung der Entgeltkataloge wird auf § 213 Abs. 2 SGB V Bezug genommen. Die Kostenträgerseite muß bei den Vereinbarungen mit der DKG gemeinsam votieren; im Falle der Nichteinigung ist das Verfahren nach § 213 Abs. 2 SGB V durchzuführen mit der Maßgabe, daß dieses Gremium um einen Vertreter des PKV-Verbandes ergänzt wird. Beschlüsse bedürfen der Mehrheit von sieben Stimmen.

Vor der Schiedsstelle besteht diese Pflicht zu gemeinsamen Entscheidungen der „Kostenträgerbank" nicht mehr. Es ist also durchaus möglich, daß einzelne Mitglieder der Schiedsstelle auf Kostenträgerseite vor der Schiedsstelle anders abstimmen als sie vorher im Koordinierungsausschuß „gezwungenermaßen" mitentschieden haben. Auch die Schiedsstellenmitglieder der DKG-Seite sind in ihrer Stimmabgabe/Entscheidung vor der Schiedsstelle frei von sog. Koalitionszwängen.

Eine Sonderrolle nimmt der PKV-Verband ein. An der Vereinbarung über die Bundesschiedsstelle selbst ist er aufgrund der gesetzlichen Bestimmung nicht beteiligt. Dagegen hat er bei der Weiterentwicklung und auch als Schiedsstellenmitglied volles Stimmrecht, wobei seine Stimme bzw. sein Platz auf der Kostenträgerseite angerechnet wird. Eine Übersicht über die derzeitige Besetzung der Bundesschiedsstelle ist im Anhang 5-5 nachzulesen.

2.3   Darstellung von Leistungen/Entgeltformen im Krankenhaus

Der Verordnungsgeber hat die Leistungen im Krankenhaus durch die BPflV und das SGB V näher bestimmt. Im wesentlichen wird zwischen Krankenhausleistungen, belegärztlichen Leistungen und Leistungen nach dem SGB V unterschieden.

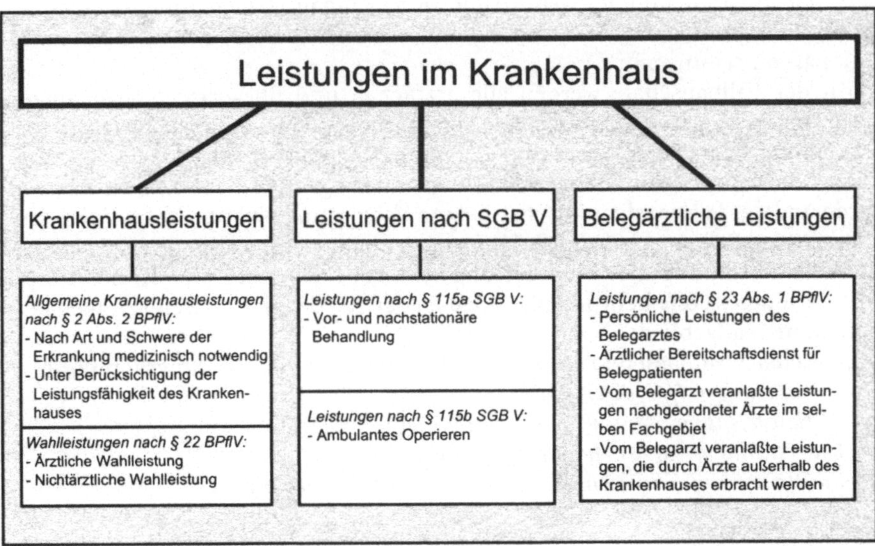

Abbildung 2.5: Abgrenzung von Leistungen im Krankenhaus

2.3.1 Allgemeine Krankenhausleistungen und deren Vergütungsformen

2.3.1.1 Einführung

Die Definition und Beschreibung der Fallpauschalen und Sonderentgelten erfolgte in der vom Bundesministerium für Gesundheit eingesetzten Arbeitsgruppe Entgeltsysteme. Dieses Forum entwickelte in Kenntnis internationaler Erfahrungen mit leistungsbezogenen Pauschalen ein eigenständiges, fallbezogenes Abrechnungssystem, das die erbrachte Leistung in das Zentrum der Definition stellt. Dies ist verständlicherweise besonders gut in den chirurgischen Fächern möglich, da der operative Eingriff leicht faßbar und hinsichtlich des Ressourcenverbrauchs im Kollektiv der spezifischen Leistung vergleichsweise homogen ist.

2.3.1.2 Fallpauschalen

2.3.1.2.1 Leistungsumfang

Fallpauschalen vergüten grundsätzlich die gesamten allgemeinen Krankenhausleistungen für einen bestimmten Behandlungsfall. Ausnahmen bestehen bei den Fallpauschalen der Herzchirurgie, der Transplantationsmedizin, der Orthopädie/Unfallchirurgie und der Geburtshilfe. Eine Fallpauschale beinhaltet nicht nur die Vergütung der stationären Behandlung, sondern auch die der vor- und nachstationären Leistungen.

Mit der Fallpauschale werden alle ärztlichen und pflegerischen Leistungen sowie die Basisleistungen für einen entsprechend den Vorgaben abgegrenzten Behandlungsfall abgegolten. Ein Behandlungsfall gilt grundsätzlich als abgeschlossen, wenn die der Fallpauschale zugrunde liegende Hauptleistung erbracht wurde und der Patient der akut-stationären Versorgung nicht mehr bedarf. Somit gilt, daß eine Fallpauschale auch dann abgerechnet werden kann, wenn der Patient nach Erbringung der Hauptleistung verstirbt (vgl. Abb. 2.6). Für die Festsetzung der Entgelthöhe bei Fallpauschalen ist der Tag der stationären Krankenhausaufnahme maßgeblich.

Fallpauschalen umfassen grundsätzlich die folgenden vier Leistungskomplexe:
(1) OP-Leistungen (OP, Kreißsaal)
(2) Stationsleistungen (auch Intensivstationsleistungen)
(3) Untersuchungs- und Behandlungsleistungen
(4) Basisleistungen (insbesondere Unterkunft und Verpflegung)

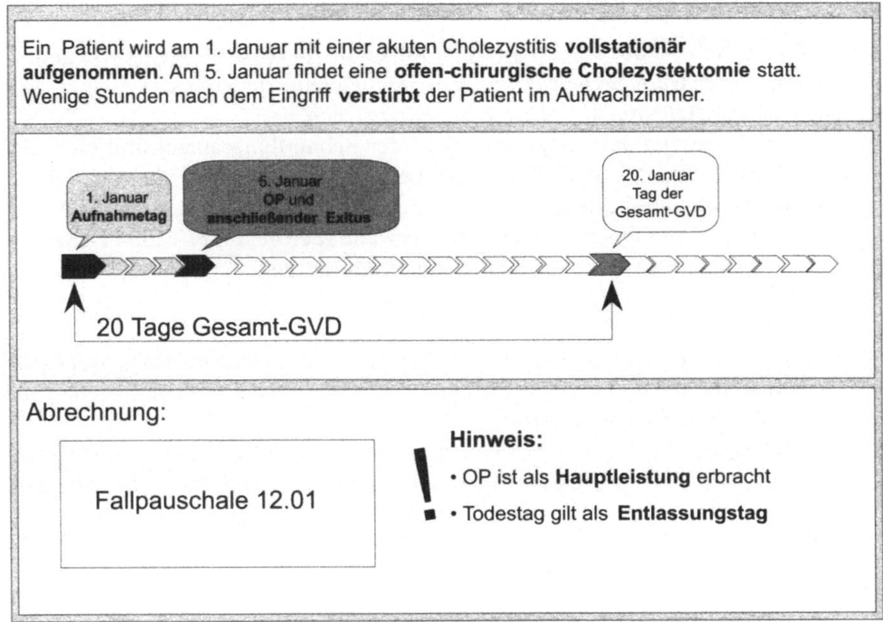

Abbildung 2.6: Tod nach Erbringung der Hauptleistung

2.3.1.2.2 Kostenarten

Die Fallpauschale beinhaltet alle Kosten des Behandlungsfalls mit Ausnahme der
Investitionskosten. Die folgende Übersicht unterscheidet zwischen Personal- und
Sachkosten, die bei der Ermittlung der Fallpauschalen zu berücksichtigen sind:

Personalkosten:
- Ärztlicher Dienst
- Pflegedienst
- Medizinisch-Technischer Dienst
- Funktionsdienst
- Klinisches Hauspersonal
- Wirtschafts- und Versorgungsdienst
- Technischer Dienst
- Verwaltungsdienst
- Sonderdienste
- Sonstiges Personal

Sachkosten:
- Lebensmittel
- Medizinischer Bedarf
- Wasser, Energie, Brennstoffe
- Wirtschaftsbedarf
- Verwaltungsbedarf
- Zentrale Verwaltungsdienste
- Zentrale Gemeinschaftsdienste
- Steuern, Abgaben, Versicherungen
- Instandhaltung
- Gebrauchsgüter
- Sonstiges

2.3.1.2.3 Voraussetzungen zur Abrechnung einer Fallpauschale

Eine Fallpauschale ist abzurechnen, wenn folgende Voraussetzungen vorliegen:
(1) *Definition der Fallpauschale lt. bundesweitem Fallpauschalen-Katalog.*
(2) *Die Fallpauschale muß die Hauptleistung darstellen.*
Bei der Festlegung der Hauptleistung ist der Behandlungsablauf und nicht die Einweisungsdiagnose maßgeblich. Um die Hauptleistung gegenüber der Sekundärleistung abzugrenzen, sind u.a. folgende Merkmale zu berücksichtigen:
• Zeitaufwand der Operation und die Verweildauer bei einer Fallpauschale
• Zeitaufwand der Operation bei einem Sonderentgelt
• Materialaufwand
• Entgelthöhe
(3) *Übereinstimmung von ICD und OPS gemäß Fallpauschalenkatalog, wobei die Übereinstimmung mit dem ICD-Schlüssel nicht zwingend erforderlich ist, da auch ähnliche Diagnosen zugelassen sind.*
(4) *Vollendung des 14. Lebensjahres (Ausnahmen: FP Nr. 07.01 elektive Tonsillektomie, FP 11.04 – 11.06 Knochenmarktransplantationen und die beiden FP 16.01 und 16.02 Versorgung von Neugeborenen).*
(5) *Die Leistung muß im Rahmen des Versorgungsauftrags erbracht werden (Ausnahme: Notfallbehandlung).*

Die Rangfolge der relevanten Definitionen für die Zuordnung einer Krankenhausleistung zu einer Fallpauschale (siehe Abrechnungsbestimmungen im bundesweiten Fallpauschalen-Katalog für Krankenhäuser) ist durch die 5. Änderungsverordnung weiter präzisiert worden. Dabei gilt folgende Reihenfolge:
1. Der Operationenschlüssel nach OPS-301
2. Der Diagnosenschlüssel nach ICD
3. Die Textdefinition der Fallpauschale zur näheren Definition
Es wird somit eindeutig durch den Gesetzgeber klargestellt, daß dem Therapiebezug der Vorrang vor dem Diagnosebezug eingeräumt wird. Falls darüber hinaus Abgrenzungsschwierigkeiten bestehen, wird auf die textuelle Leistungsbeschreibung verwiesen.

Zur Abrechnung einer Fallpauschale ist eine Kodierung mittels der zwei Klassifikationssysteme OPS-301 und ICD-9 vorzunehmen.

Nach § 301 SGB V ist derzeit die Diagnose nach ICD 9 4-stellig zu verschlüsseln. Dies gilt selbstverständlich auch für die Datensätze im Rahmen der Abrechnung von Fallpauschalen (und einigen Sonderentgelten).

Bei einigen Diagnosen begnügt sich der ICD-Schlüssel mit 3 Stellen. Die 4. Stelle bleibt unbesetzt, z. B. ICD 600 (Prostatahyperplasie). In diesen Fällen ist im Rahmen des Abrechnungsverfahrens ausschließlich der 3-stellige Code zu dokumentieren. Im bundesweiten Katalog für Fallpauschalen und Sonderentgelte, der Zuordnung der ICD- und OPS-Schlüssel zu Fallpauschalen und Sonderentgelten, ist in manchen Fällen nur ein 3-stelliger ICD-Code angegeben, obwohl in der ICD-Systematik die 4. Stelle besetzt ist. In diesen Fällen erfüllen alle in der 4. Stelle definierten Krankheitsbilder die Kriterien für die Zuordnung. Der Verzicht, in der Anlage zur Bundespflegesatzverordnung alle in der 4. Stelle definierten Krankheitsbilder aufzuführen, ist aus Übersichtlichkeitsgründen erfolgt. Für die Abrechnung ist in den entsprechenden Fällen immer der vollständige 4-stellige Code zu dokumentieren.

Bei der Zuordnung von ICD-Schlüsseln sind im bundesweiten Fallpauschalen-Katalog bei einigen Fallpauschalen Schlüssel der V-Zusatzklassifikation (Zusatzklassifikation für Faktoren, die den Gesundheitszustand und die Inanspruchnahme von Einrichtungen des Gesundheitswesen beeinflussen), mit der „nichtkranke" Zustände verschlüsselt werden, angegeben. Diese sind analog der übrigen Systematik in der angegebenen Form zu verwenden.

Gemäß § 301 SGB V in der zur Zeit gültigen Form sind Operationen nach dem OPS-301 als 5-stelliger Code, teilweise auch als 6-stelliger Code zu verschlüsseln. Im bundesweiten Katalog für Fallpauschalen und Sonderentgelte sind auch hier einige Schlüssel aus Gründen der Übersichtlichkeit nur 4-stellig ausgewiesen. Im Rahmen der Abrechnung sind die Leistungen grundsätzlich 5-stellig zu verschlüsseln. Zur exakten Beschreibung ist bei einigen Fallpauschalen und Sonderentgelten über die 5. Stelle hinaus eine Differenzierung auf einer 6. Stelle erforderlich. Diese 6-stelligen Codes sind in der Zuordnung der Fallpauschalen und Sonderentgelte (nach bundesweitem Katalog für Fallpauschalen und Sonderentgelte) bereits aufgeführt und daher für die Dokumentation verpflichtend.

Bei einigen Fallpauschalen wird zur Beschreibung der Leistungen nicht das 5. Kapitel sondern das 8. oder 9. Kapitel der ICPM-Klassifikation herangezogen. In diesen Kapiteln sind nicht-operative therapeutische Maßnahmen und ergänzende Maßnahmen aufgeführt. Die in diesen Kapiteln geforderten Schlüssel sind ebenfalls Bestandteil des amtlichen Operationenschlüssels nach § 301 SGB V.

Bei der Fallpauschale wird die Operation zum führenden Merkmal, während die Diagnose demgegenüber häufig nur eine zusätzliche, präzisierende Funktion erfüllt. So ist es z. B. nicht möglich, durch den Wechsel der Diagnose einen Behandlungsfall anstelle der Fallpauschale über tagesgleiche Pflegesätze abzurechnen. Hier wird wiederum die Nachrangigkeit der Diagnose gegenüber der Behandlungsleistung bei der Zuordnung eines Falles sichtbar.

In einigen Fällen wird die Diagnose allerdings zum entscheidenden Kriterium für die Abgrenzung unterschiedlicher Fallpauschalen. So wird beispielsweise bei der Gallenblasenentfernung (FP 12.01 bis 12.04) zwischen der akuten und der elektiven Gallenblasenentzündung unterschieden und bei der Hüftgelenks-Totalendoprothese wird zwischen der Schenkelhalsfraktur (FP 17.01x) und der Coxarthrose (17.06x) differenziert.

Erste Erfahrungen mit der Abrechnung von Fallpauschalen haben gezeigt, daß das aus dem amerikanischen Abrechnungssystem bekannte Phänomen des „Upgrading" (Tendenz zur Abrechnung höherwertiger Pauschalen) eintritt.

<u>Beispiel:</u> Die Fallpauschalen 12.01 (Gallenblasenentfernung bei akuter Entzündung) und 12.03 (Gallenblasenentfernung im Intervall). Aus der Diskrepanz hinsichtlich der Höhe der Vergütung (ca. 1.000 Punkte) resultiert eine in der Praxis zu beobachtende Tendenz zur zunehmenden Abrechnung der höherwertigen Fallpauschale.

Die Hauptleistung bei den Weiterbehandlungspauschalen in der Herzchirurgie und in der Orthopädie/Unfallchirurgie besteht in der Herstellung der Rehabilitationsfähigkeit in Verbindung mit einer vorgegebenen Mindestverweildauer. Da es für diese Leistung keinen entsprechenden OPS-301 gibt, kommt der Textdefinition eine entscheidende Bedeutung zu. So wird die Abgrenzung der Weiterbehandlungspauschalen untereinander weniger über den ICD-Schlüssel als vielmehr über die textliche Definition erreicht; erst durch die Textdefinition wird die konkrete Zuordnung zur entsprechenden Akutbehandlungspauschale festgelegt. Ebenso wird bei den in Zukunft zu erwartenden Fallpauschalen im konservativen Bereich die Diagnose in Verbindung mit der Textdefinition einen deutlich höheren Stellenwert erhalten.

2.3.1.3 Sonderentgelte

Sonderentgelte sind Vergütungen für eine eigenständige Therapie- oder Diagnostikleistung (Leistungskomplex) innerhalb des stationären Aufenthaltes. Diese Leistungskomplexe sind Bestandteil der Krankenhausbehandlung. Der Leistungskomplex Sonderentgelt entspricht der Operationsleistung bei Fallpauschalen. Folgende Kostenarten sind Bestandteil der Sonderentgelte:

<u>Personalkosten:</u>
- Ärztlicher Dienst
- Pflegedienst
- Medizinisch-Technischer Dienst
- Funktionsdienst

<u>Sachkosten:</u>
- Medizinischer Bedarf

Da Sonderentgelte nur einen Teil der stationären Leistung darstellen, sind sie in Verbindung mit einem Pflegesatz nach § 11 oder § 12 BPflV abzurechnen (vgl. Kap. 4.2.2 und 4.3.2).

Voraussetzungen für die Abrechnung von Sonderentgelten sind:
(1) Definition des Sonderentgelts lt. bundesweitem Sonderentgeltkatalog.
(2) Die Leistung darf keine Hauptleistung im Sinne einer Fallpauschale darstellen.
    (Fallpauschalen müssen vorrangig abgerechnet werden)
(3) Es muß eine Übereinstimmung von OPS und evtl. ICD gemäß Sonderentgeltkatalog vorliegen.

Die Rangfolge der relevanten Definitionen für die Zuordnung einer Krankenhausleistung zu einem Sonderentgelt (siehe Abrechnungsbestimmungen im bundesweiten Sonderentgelt-Katalog für Krankenhäuser) ist durch die 5. Änderungsverordnung weiter präzisiert worden. Dabei gilt folgende Reihenfolge:
1. Der Operationenschlüssel nach OPS-301
2. Der Diagnosenschlüssel nach ICD, sofern ein solcher angegeben ist
3. Die Textdefinition des Sonderentgelts zur näheren Definition

Es wird somit eindeutig durch den Gesetzgeber klargestellt, daß dem Therapiebezug der Vorrang vor dem Diagnosebezug eingeräumt wird. Falls darüber hinaus Abgrenzungsschwierigkeiten bestehen, wird auf die textuelle Leistungsbeschreibung verwiesen.

Im Gegensatz zu Fallpauschalen sind Sonderentgelte bei Patienten unter 14 Jahren abrechenbar.

2.3.1.4   Tagesgleiche Pflegesätze

2.3.1.4.1 Abteilungspflegesätze

Abteilungspflegesätze sind tagesgleiche Pflegesätze für bettenführende Abteilungen, die organisatorisch selbständig sind und von einem nicht weisungsgebundenen Arzt mit entsprechender Fachgebietsbezeichnung geleitet werden (§ 13 Abs. 2 BPflV). Diese Definition kann auch für Intensiveinheiten zutreffen, die von einem Anästhesisten geleitet werden und interdisziplinär belegt werden.

Tagesgleiche Abteilungspflegesätze beinhalten Kosten für ärztliche und pflegerische Leistungen sowie die Kosten der Leistungen, die durch den Arztdienst und den Pflegedienst veranlaßt werden. Zu den direkten Kosten gehören folgende Kostenarten:

<u>Personalkosten:</u>
* Ärztlicher Dienst
* Pflegedienst
* Technischer Dienst
  (nur Medizintechnik)

<u>Sachkosten:</u>
* Medizinischer Bedarf
* Instandhaltung
  (nur Medizintechnik)
* Gebrauchsgüter
  (nur Medizintechnik)

OP-Leistungen sowie die Leistungen der medizinischen Institutionen (Labor, Röntgen, etc.) werden den Abteilungen über die innerbetriebliche Leistungsverrechnung verursachungsgerecht zugeordnet und fließen in die Abteilungspflegesätze ein.

Folgende Leistungskomplexe sind Bestandteil der Abteilungspflegesätze:

(1) OP-Leistungen (OP, Kreißsaal, Katheterraum – sofern nicht als SE definiert –)
(2) Stationsleistungen (auch Intensivstationsleistungen)
(3) Untersuchungs- und Behandlungsleistungen

Für die Behandlung von Belegpatienten sind Belegpflegesätze zu ermitteln. Stehen für die Belegabteilungen nur geringe Bettenkapazitäten zur Verfügung, kann für mehrere Belegabteilungen ein gemeinsamer Belegpflegesatz gebildet werden.

Neben den Abteilungs- und Belegpflegesätzen sind Pflegesätze für besondere Einrichtungen zu bilden. Für besondere Einrichtungen lt. § 13 Abs. 2 BPflV sind eigene Abteilungspflegesätze zu bilden. Diese gelten für Einrichtungen zur Behandlung von:

- Querschnittsgelähmten,
- Schwerst-Schädel-Hirn-Verletzten,
- Schwerbrandverletzten,
- AIDS-Patienten,
- mucoviszidosekranke Patienten,
- onkologisch zu behandelnden Patienten,
- Dialysepatienten sowie
- intensivbehandlungspflichtigen Säuglingen.

Durch die Bildung von Abteilungs-, Beleg- und besonderen Pflegesätzen wird eine größere Kostentransparenz erreicht, die wiederum eine bessere interne Kostensteuerung und einen Vergleich mit anderen Krankenhäusern ermöglicht. Der Abteilungspflegesatz wird für den Aufnahmetag und für jeden weiteren Tag der Krankenhausbehandlung berechnet. Der Entlassungstag wird nicht berechnet; der Verlegungstag wird der aufnehmenden Abteilung zugerechnet.

2.3.1.4.2 Teilstationärer Pflegesatz

Die teilstationäre Behandlung ist vorwiegend in der Psychiatrie, der Dialyse oder der Geriatrie eine häufige Behandlungsform. Hier werden Patienten entweder am Tage oder in der Nacht (Beispiel: Schlaflabor) versorgt und behandelt.

Laut § 13 Abs. 4 BPflV sind für alle Abteilungspflegesätze auch teilstationäre Pflegesätze zu bilden, sofern eine teilstationäre Behandlung erfolgt. Die teilstationären Pflegesätze sind vereinfacht aus den vollstationären Pflegesätzen abzuleiten. Gleiches gilt für den Basispflegesatz. Abgerechnet wird jeder Behandlungstag und abweichend vom Abteilungspflegesatz zusätzlich der Entlassungstag.

2.3.1.4.3 Basispflegesatz

Der Basispflegesatz ist gemäß § 13 Abs. 3 BPflV ein Entgelt für alle Leistungen, die nicht durch den ärztlichen Dienst oder Pflegedienst veranlaßt werden. Dies trifft vorrangig auf die Kosten der Unterbringung und Verpflegung zu (sog. Hotelleistungen). Folgende Kostenarten sind Bestandteil des Basispflegesatzes:

Personalkosten:
- Klinisches Hauspersonal
- Wirtschafts- und Versorgungsdienst
- Technischer Dienst
  (ohne Medizintechnik)
- Verwaltungsdienst
- Sonderdienste
- Sonstige Personalkosten
- Nicht zurechenbare Personalkosten

Sachkosten:
- Lebensmittel
- Wasser, Energie, Brennstoffe
- Wirtschaftsbedarf
- Verwaltungsbedarf
- Zentrale Verwaltungsdienste
- Zentrale Gemeinschaftsdienste
- Steuern, Abgaben, Versicherungen
- Instandhaltung
  (ohne Medizintechnik)
- Gebrauchsgüter
  (ohne Medizintechnik)
- Zinsen für Betriebsmittelkredite
- Sonstiges

Der Basispflegesatz gilt gemäß § 13 Abs. 3 BPflV einheitlich für das gesamte Krankenhaus. Wird auf Landesebene ein einheitliches pauschaliertes Entgelt für Unterbringung und Verpflegung vereinbart, so ist dieses Entgelt im Basispflegesatz anstelle der tatsächlichen Kosten zu berücksichtigen (§ 16 Abs. 3 BPflV).

2.3.2   Wahlleistungen

Wahlleistungen kann ein Patient als zusätzliche Leistungen in Anspruch nehmen. Unterschieden werden ärztliche Wahlleistungen, die sich auf diagnostische und therapeutische Leistungen erstrecken, und nichtärztliche Wahlleistungen wie Telefon, Ein- oder Zweibettzimmer. Wahlleistungen sind gesondert abzurechnen und schriftlich vor Leistungserbringung mit den Patienten zu vereinbaren.

Ärztliche und nichtärztliche Wahlleistungen dürfen nicht voneinander abhängig gemacht werden. Der Patient kann sowohl nur ärztliche als auch nur nichtärztliche Wahlleistungen in Anspruch nehmen. Innerhalb der ärztlichen

Wahlleistungen ist die Leistungserbringung an die Person des Arztes gebunden, mit dem die Wahlleistungsvereinbarung getroffen wurde.

Der Verordnungsgeber verbindet mit der ärztlichen Wahlleistung gemäß § 22 Abs. 3 BPflV die sogenannte Liquidationskette. Diese bezeichnet den Sachverhalt, daß alle an der Behandlung eines Patienten beteiligten Chefärzte berechtigt sind, eine eigene Rechnung zu stellen. Gleiches gilt für die Ärzte außerhalb des Krankenhauses, die zur Diagnostik oder Therapie hinzugezogen werden.

2.3.3 Leistungen nach SGB V

2.3.3.1 Leistungen nach § 115a SGB V (Vor- und nachstationäre Behandlung)

Das Krankenhaus kann gemäß § 115a Abs. 1 SGB V bei Verordnung einer Krankenhausbehandlung Versicherte ohne Unterbringung und Verpflegung behandeln, um die Erforderlichkeit einer vollstationären Krankenhausbehandlung zu klären oder die vollstationäre Behandlung vorzubereiten (vorstationäre Behandlung) und/oder um im Anschluß an eine vollstationäre Krankenhausbehandlung den Erfolg zu sichern oder zu festigen (nachstationäre Behandlung). Die vorstationäre Untersuchung setzt eine ärztliche Einweisung in das Krankenhaus voraus, so daß die vorstationäre Behandlung dem stationären Bereich zuzuordnen ist. Sie ist grundsätzlich auf maximal drei Behandlungstage innerhalb von fünf Tagen vor Beginn der stationären Behandlung befristet; teilweise sind auf der Landesebene hiervon abweichende Regelungen getroffen worden. Die Frist für die nachstationäre Behandlung beträgt sieben Behandlungstage innerhalb von 14 Tagen nach Beendigung des Krankenhausaufenthaltes. Die Frist von 14 Tagen kann in medizinisch begründeten Einzelfällen im Einvernehmen mit dem einweisenden Arzt verlängert werden.

Der Krankenhausarzt entscheidet, ob eine vorstationäre Behandlung vorrangig vor einer vollstationären Behandlung durchzuführen ist. Die Zustimmung des einweisenden Arztes ist nicht notwendig. Das Krankenhaus hat den einweisenden Arzt jedoch unverzüglich über die vor- und nachstationäre Behandlung zu informieren. Diese Maßnahme dient der Koordination zwischen dem Krankenhaus und dem einweisenden Arzt, um z. B. Doppeluntersuchungen zu vermeiden. Der einweisende Arzt führt die Behandlung des Patienten nach Abschluß der stationären Behandlung fort.

Ein Indikationskatalog, vergleichbar dem Leistungskatalog für das ambulante Operieren, existiert nicht.

Die Vergütung für die vor- und nachstationäre Behandlung ist durch eine gemeinsame Empfehlung der Deutschen Krankenhausgesellschaft und der Spitzenverbände der Krankenkassen im Benehmen mit der kassenärztlichen Bundesvereinigung geregelt. Diese Empfehlung ist seit dem 1. Januar 1997 in Kraft. Als Vergütung für die vorstationäre Behandlung wird vom Krankenhaus *pro Fall* eine fachabteilungsbezogene Pauschale nach der Anlage 1 dieser Empfehlung berechnet. Die im Rahmen der nachstationären Behandlung durchgeführten Leistungen werden vom Krankenhaus gegenüber der jeweiligen Krankenkasse *pro Behandlungstag* (für max. 7 Tage) mit einer fachabteilungsbezogenen Pauschale nach Anlage 2 zu dieser Empfehlung abgerechnet. Neben diesen Pauschalen ist die Vergütung für die Inanspruchnahme von Großgeräteleistungen zusätzlich abrechenbar.

Daraus ergeben sich die in Abb. 2.7 dargestellten folgenden Kombinationsmöglichkeiten.

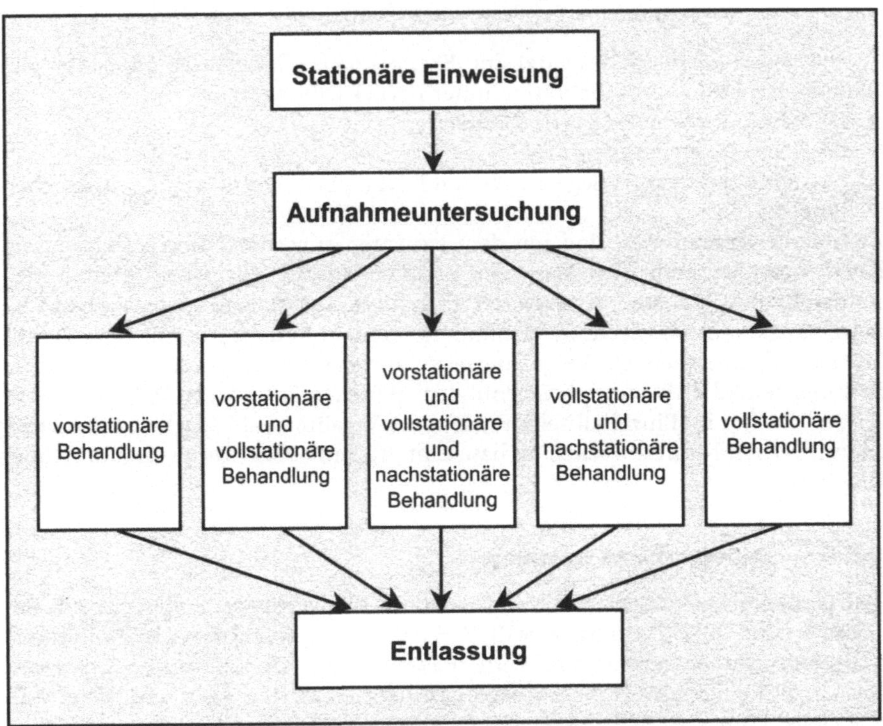

Abbildung 2.7: Kombinationsmöglichkeiten bei vor- und nachstationärer Behandlung

2.3.3.2 Leistungen nach § 115b SGB V (Ambulantes Operieren)

Mit dem § 115b SGB V hat der Verordnungsgeber die Rechtsgrundlage für das ambulante Operieren im Krankenhaus geschaffen. Bei dieser Behandlungsform wird der Patient am gleichen Tag aufgenommen, operiert und wieder entlassen. Zuvor war der Bereich der ambulanten Operationen den niedergelassenen Vertragsärzten vorbehalten. Nach Vorgabe des § 115b SGB V wurde auf Bundesebene ein dreiseitiger Vertrag zum ambulanten Operieren geschlossen (vgl. Kap. 2.1.1.5). Vertragsbestandteile sind:

(1) *Voraussetzung für das ambulante Operieren ist eine Mitteilung des Krankenhauses an die Landesverbände der Krankenkassen, Ersatzkassen, Kassenärztlichen Vereinigung und an den Zulassungsausschuß.*

(2) *Die Zulassung kann für jeweils die Bereiche erfolgen, in denen bereits stationäre Leistungen erbracht werden.*

(3) *Ambulante Operationen sollen auf Veranlassung eines niedergelassenen Vertragsarztes unter Verwendung eines Überweisungsscheins durchgeführt werden.*

Der verantwortliche Facharzt im Krankenhaus entscheidet über Art und Umfang der ambulanten Operation unter Berücksichtigung
- des Gesundheitszustandes des Patienten,
- der Schwere des Eingriffs und
- der anschließenden pflegerischen und ärztlichen Betreuung im häuslichen Bereich.

Ambulante Operationen sind mit dem Patienten einvernehmlich abzusprechen. Bei dringenden Eingriffen kann der Krankenhausarzt die sofortige stationäre Aufnahme des Patienten veranlassen. Abrechnungsgrundlage ist der einheitliche Bewertungsmaßstab (EBM) in Verbindung mit dem Katalog für ambulant durchführbare Operationen. Die Vergütung errechnet sich aus der Anzahl der Punkte je Leistung gemäß EBM multipliziert mit dem aktuellen Punktwert (DM pro Punkt). Zusätzlich sind im Einzelfall zehn Prozent der Vergütung als Zuschlag für Arzneien und Verbandstoffe abrechenbar bzw. acht Prozent bei Leistungsvergütung über DM 250,–.

2.3.4 Belegärztliche Leistungen

Belegärztliche Leistungen sind von den Krankenhausleistungen abzugrenzen. Belegärzte sind lt. § 121 Abs. 2 SGB V nicht am Krankenhaus angestellte Vertragsärzte, die berechtigt sind, ihre Patienten im Krankenhaus unter Inanspruchnahme der hierfür bereitgestellten Dienste, Einrichtungen und Mittel voll- oder teilstationär zu behandeln, ohne hierfür vom Krankenhaus eine Vergütung zu erhalten.

Belegärztliche Leistungen gemäß § 23 BPflV sind:
- persönliche Leistungen des Belegarztes,
- der ärztliche Bereitschaftsdienst für Belegpatienten,
- die vom Belegarzt veranlaßten Leistungen nachgeordneter Ärzte des Krankenhauses, die bei der Behandlung seiner Belegpatienten im selben Fachgebiet tätig werden,
- die vom Belegarzt veranlaßten Leistungen von Ärzten und ärztlich geleiteten Einrichtungen außerhalb des Krankenhauses.

Die Leistung des Belegarztes wird im Rahmen der niedergelassenen vertragsärztlichen Gesamtvergütung abgegolten. Die Kosten der belegärztlichen Leistungen sind folglich weder Bestandteil der tagesgleichen Pflegesätze noch der Fallpauschalen und Sonderentgelte für Belegabteilungen.

3 Aufbau und Ermittlung von Budgets

Mit der BPflV ´95 werden die detaillierten Vorgaben des Gesundheitsstrukturgesetzes umgesetzt. Schwerpunkt des GSG ´93 ist die Aufhebung des Selbstkostendeckungsprinzips, d.h. die Bemessung der Krankenhaus- und Abteilungsbudgets nach leistungsorientierten Vorgaben. Bei der Bemessung der Budgets sind die pflegesatzfähigen Leistungen nach § 2 Abs. 2 BPflV zu berücksichtigen; andere Erlöse des Krankenhauses, bspw. die Umsätze von Ambulanzen, Kiosken und Personalwohnheimen, sind ausgeklammert.

Die Budgets eines einzelnen Krankenhauses werden zum einen durch den Anteil aus pauschalierten Erlösen und zum anderen aus einem Anteil an nichtpauschalierten Erlösen bestimmt. Die Preise der pauschalierten Erlöse werden auf der Landesebene vereinbart, während die Abteilungspflegesätze und der Basispflegesatz durch individuelle Verhandlungen festgelegt werden. Das gegenwärtige Entgeltsystem ist somit als ein Mischsystem mit unterschiedlichen Entgeltformen und Verhandlungsebenen zu charakterisieren.

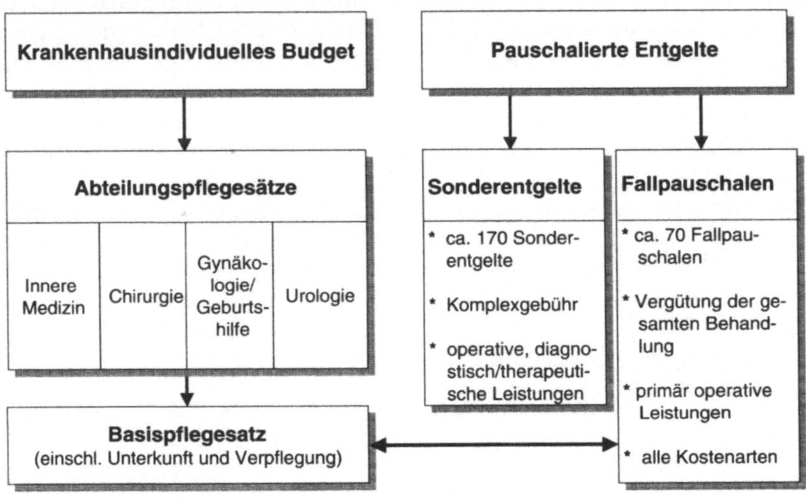

Abbildung 3.1: Aufbau des Entgeltsystems nach BPflV ´95

Die Ermittlung von Abteilungspflegesätzen, von Basispflegesätzen sowie der Aufbau der unterschiedlichen Budgets im Krankenhaus erfordert komplexe Berechnungen. In der Literatur und Praxis finden sich dazu zum Teil widersprüchliche Vorgaben. An dieser Stelle kann nur oberflächlich auf die Budgetfindung eingegangen werden. Zu detaillierten Erläuterungen wird auf weiterführende Literatur verwiesen (z.B. Tuschen/Quass: Bundespflegesatzverordnung, 4. neubearbeitete Auflage, Kohlhammer Verlag, Köln: 1998. Tuschen/Philippi: Leistungs- und Kalkulationsaufstellung im Entgeltsystem der Krankenhäuser, Berlin, Köln: 1996).

3.1 Systematik der Budgetfindung für die Pflegesatzverhandlungen

Das Budget des Krankenhauses sowie seiner einzelnen Fachabteilungen wird durch Verhandlungen auf der Landesebene und auf der Ebene des einzelnen Krankenhauses vereinbart:

- Die Höhe der landesweit gültigen Fallpauschalen und Sonderentgelte wird durch die Vertragsparteien auf der Landesebene (Landesverbände der Krankenkassen und Krankenhäuser) festgelegt.
- Die Höhe der Abteilungspflegesätze und des Basispflegesatzes (Restbudget) werden zwischen dem Krankenhaus und dem jeweils zuständigen Landesverband der Krankenkassen vereinbart.

Grundsätzlich werden die Verhandlungen prospektiv, d.h. für einen zukünftigen Zeitraum (Pflegesatzzeitraum), geführt. Normalerweise beträgt der Pflegesatzzeitraum ein Jahr; es können aber auch mehrjährige Zeiträume vereinbart werden. Grundlage der Verhandlungen ist das letzte Vereinbarungsergebnis für den laufenden Pflegesatzzeitraum. Die Ist-Kosten des Krankenhauses sind nicht mehr nachzuweisen, so daß Gewinnchancen und Verlustrisiken beim Krankenhaus verbleiben.

Zentrale Informationsunterlage für die Pflegesatzverhandlungen mit den Krankenkassen ist die Leistungs- und Kalkulationsaufstellung (LKA) nach § 17 Abs. 4 BPflV. Sie ist gleichzeitig Verhandlungsunterlage, Grundlage für den Krankenhausbetriebsvergleich (Vergleich von Abteilungspflegesätzen) und stellt eine bindende Kalkulationsvorschrift zur Ermittlung von Ableitungspflegesätzen und dem Basispflegesatz dar. Die LKA ist wie folgt aufgebaut:

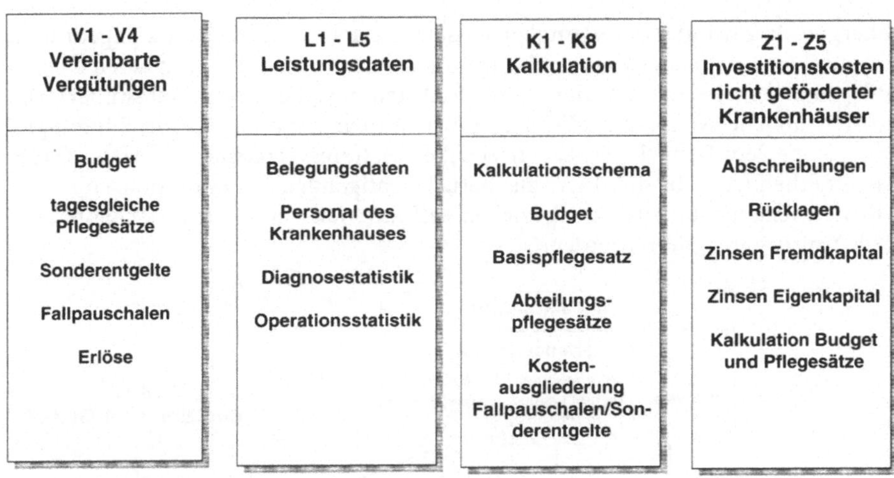

Abbildung 3.2: Aufbau der LKA

Die LKA umfaßt im V-Abschnitt vereinbarte Daten über das Gesamtbudget des Krankenhauses (Höhe der tagesgleichen Pflegesätze, Anzahl von Fallpauschalen und Sonderentgelten). Im L-Abschnitt der LKA werden Informationen zur Belegung der Abteilungen und zum Personal des Krankenhauses gegeben. Medizinisch relevante Informationen werden in einer abteilungsbezogenen Diagnosestatistik (L4) und in einer abteilungsbezogenen Operationsstatistik (L5) dargelegt. Schließlich werden von Krankenhäusern, die nicht in den Krankenhausplänen der Länder aufgenommen worden sind, zusätzliche Angaben zu den Investitionskosten (Z-Abschnitt) erwartet. Im weiteren wird auf die o.g. Abschnitte der LKA nicht mehr eingegangen; der Schwerpunkt liegt auf der Ermittlung der Pflegesätze (K-Abschnitt).

Die in K1 – K3 aufgeführten Kosten finden sich in den weiteren K-Blättern wieder (vgl. Abbildung 3.3). Die Blätter K5 – K7 dienen der Ermittlung des Budgets und der tagesgleichen Pflegesätze. Für jede Fachabteilung des Krankenhauses ist ein eigener Abteilungspflegesatz zu ermitteln, so daß zumeist mehrere Formblätter K7 auszufüllen sind. Aufgrund der großen Bedeutung der Kosten des Medizinischen Bedarfs ist für diese Position ein weiteres Kalkulationsblatt (K4) auszufüllen, in dem der Medizinische Bedarf weiter untergliedert wird (z.B. Arzneimittel, Implantate).

Grundprinzip der Zurechnung von Kosten auf den für das Krankenhaus einheitlichen Basispflegesatz sowie auf die Abteilungspflegesätze ist die Teilkostenrechnung. So werden die Gemeinkosten des Krankenhauses, z.B. Verwaltung,

Energie-/Brennstoffe, Reinigung, grundsätzlich dem Basispflegesatz zugeordnet; die direkten Kosten der Fachabteilungen (z.B. Aufwand für den Ärztlichen Dienst, Pflegedienst) werden unter dem Bereich „Abteilungspflegesätze" subsumiert. Die Kosten üblicherweise zentralisierter Einrichtungen, wie z.B. Labor, Radiologie, sind unter dem Bereich „Innerbetriebliche Leistungsverrechnung" erfaßt. Dabei ist unerheblich, ob die hier zu berücksichtigenden Organisationseinheiten (Kostenstellengruppe 92) im speziellen Fall innerhalb einer Hauptfachabteilung (z.B. Chirurgie) geführt werden.

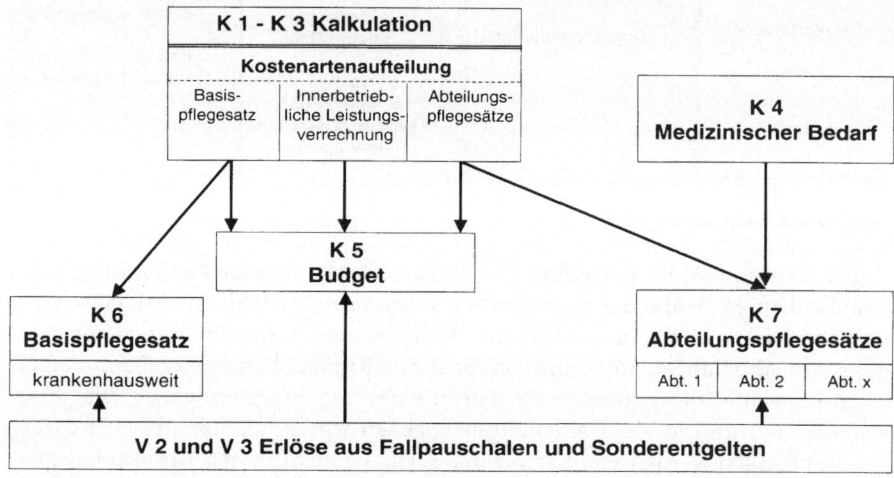

Abbildung 3.3: Zusammenhang innerhalb der Formblätter zur Kalkulation von Budgets und Pflegesätzen

Den Fallpauschalen und Sonderentgelten kommt innerhalb der Budgetsystematik eine besondere Bedeutung zu. Diese ist damit zu begründen, daß der Gesetzgeber ursprünglich eine Trennung des Pauschalleistungsbereichs von den sonstigen Leistungen des Krankenhauses (Restbudget) vornehmen wollte (sog. Kostenausgliederung). Der Pauschalbereich wäre demnach als eigenständiger Unternehmensbereich zu führen gewesen, der eigenen Gewinnchancen und Verlustrisiken unterliegt. Bislang konnten nur einige wenige Krankenhäuser in Deutschland (etwa 60 Krankenhäuser) von dieser Option Gebrauch machen.

In fast allen Krankenhäusern kommt daher das Erlösabzugsverfahren zur Berücksichtigung der pauschalierten Erlöse innerhalb der Budgetsystematik zur Anwendung. Da zukünftig die Kostenausgliederung nicht mehr Bestandteil der Budgetermittlung sein wird, wird das Verfahren des Erlösabzuges bei den weiteren Erläuterungen zugrunde gelegt.

3.2 Kalkulierte Kosten als Ausgangspunkt für die Ermittlung von Abteilungspflegesätzen und Basispflegesatz

Die Ermittlung des Krankenhaus- und der Abteilungsbudgets wird mit Hilfe des Abschnitts „Kalkulation von Budget und Pflegesätzen" (K-Abschnitt) vorgenommen. Es sind keine Ist-Kosten darzulegen, sondern vorauskalkulierte Kosten. Die Blätter K1 – K 3 sind als Übersichten angelegt und stellen Vereinbarungen (K1, K3) und Forderungen (K2) des Krankenhauses nach einzelnen Kostenarten (z.B. Ärztlicher Dienst, Pflegedienst, Lebensmittel) dar. Gleichzeitig wird eine Zuordnung von Kosten bzw. Kostenarten zu den Bereichen „Basispflegesatz", „Innerbetriebliche Leistungsverrechnung" (IBLV), „Abteilungspflegesätze" und Pflegesätze nach § 13 Abs. 2 Satz 2 und 3 BPflV (Pflegesätze für Belegabteilungen und „besondere" Einrichtungen) vorgenommen (vgl. Abbildung 3.4).

In Abbildung 3.4 sind beispielhaft die Forderungsdaten eines Krankenhauses aufgeführt. In Zeile 32 sind die jeweiligen Endsummen für die o.g. Bereiche dargestellt; die Basiskosten tragen mit ca. 1,8 Mio. DM zu etwa 30% der Gesamtforderung des Krankenhauses bei. Respektive fallen in den hauptamtlichen Fachabteilungen und der Belegabteilung (Spalte 5) etwa 70% der vorauskalkulierten Kosten an. Die Kosten der IBLV in Spalte 3 (ca. 1,9 Mio. DM) für Einrichtungen, die gemeinschaftlich von den Fachabteilungen des Krankenhauses genutzt werden, werden in Zeile 25 verursachungsgerecht auf die Kosten der Abteilungen (Haupt- und Belegabteilungen) verteilt. Dazu gehören die Kosten einer (interdisziplinär) geführten Intensivabteilung, soweit kein eigenständiger Abteilungspflegesatz über das Formblatt K7 ermittelt wird.

Zur Information enthält das Formular K2 in Spalte 6 einen Bezugswert (DM je Tag), der zum Vergleich zwischen Krankenhäusern dienen kann.

<table>
<tr><td colspan="2">Krankenhaus
Krankenhaus ABC</td><td>Seite: 13
16.02.00</td></tr>
</table>

K 2 Forderung für den Pflegesatzzeitraum

Tage insges.[7] : 13.433

lfd. Nr.	Kostenarten	Basispflegesatz nach § 13 Abs. 3	Innerbetriebliche Leistungsverrechnung18) - insgesamt	Abteilungspflegesätze nach § 13 Abs. 2 Satz 1 sowie Abs. 4 - insgesamt -	Pflegesätze nach § 13 Abs. 2 Satz 2 und 3 sowie Abs. 4 - insgesamt -	DM je Tag [7] (Sp. 2 - 5)
		1	2	3	4	5	6
1	Ärztlicher Dienst		626.584	402.390		76,60
2	Pflegedienst		0	1.242.725	298.933	114,77
3	Med.-technischer Dienst		313.817			23,36
4	Funktionsdienst		660.381			49,16
5	Klinisches Hauspersonal [39]	303.195				
6	Wirtsch.- und Versorg.dienst [39]	490.313				
7	Technischer Dienst [14]	5.223				
8	Verwaltungsdienst [39]	233.363				17,37
9	Sonderdienste	0				0,00
10	Sonstiges Personal	31.136				2,32
11	Nicht zurechenbare Pers.ko.	12.474				0,93
12	Personalkosten insgesamt	1.075.704	1.600.781	1.645.115	298.933	321,72
13	Lebensm. u. bezog. Leistungen	127.679				9,50
14	Medizinischer Bedarf		231.596	230.961	66.072	39,35
15	Wasser [19], Energie, Brennstoffe [39]	163.210				12,15
16	Wirtschaftsbedarf [39]	92.676				6,90
17	Verwaltungsbedarf [39]	56.264				4,19
18	Zentrale Verwaltgs.dienste	84.125				6,26
19	Zentrale Gemeinsch.dienste	26.124				1,94
20	Steuern, Abgaben, Vers.	62.504				4,65
21	Instandhaltung [20]	92.040	65.476	4.202	987	12,11
22	Gebrauchsgüter [21]	0	5.182	741		0,44
23	Sonstiges	16.529				1,23
24	Sachkosten insgesamt	721.152	302.253	235.903	67.059	98,74
25	Innerbetriebl. Leistungsverr.		1.903.034	1.681.051	221.983	283,34
26	Zinsen für Betr.mittelkredite	0				0,00
27	Krankenhaus insgesamt	1.796.856		3.562.069	587.975	442,71
28	Pers. d. Ausbildungsstätten					
29	Sachko. d. Ausbildungsstätten					
30	Umlagen nach § 9 Abs. 3					
31	Ausbildungsstätten insges. [22]			+	+	
32	Insgesamt (Nr. 27 u. 31)	1.796.856		3.562.069	587.975	442,71

Abbildung 3.4: Kalkulation von Budget und Pflegesätzen

3.3 Fallpauschalen und Sonderentgelte in der LKA

Innerhalb des Mischsystems aus pauschalierten Entgelten und tagesgleichen Pflegesätzen müssen die Leistungen aus Fallpauschalen und Sonderentgelten eine gesonderte Behandlung erfahren. Dies entspringt aus der Tatsache, daß für diese Entgelte für alle Krankenhäuser des Landes verbindliche Preise in den Verhandlungen auf der Landesebene festgesetzt werden. Dazu werden die im Katalog der Fallpauschalen/Sonderentgelte dokumentierten Punktezahlen für Sach- und Personalkosten mit den landesweiten Punktwerten für Sach- und Personalkosten multipliziert.

Beispiel:

	Erlösarten	Punktzahlen		Punktwert	Anteilige DM	Gesamt DM
FP 02.01	Personal	2.690	*	1,0935	2.941,51	**4.361,12**
	Sachmittel	1.295	*	1,0962	1.419,61	
FP 10.01	Personal	2.470	*	1,0935	2.700,96	**3.830,05**
	Sachmittel	1.030	*	1,0962	1.129,09	

In den Verhandlungen zwischen Krankenkasse und Krankenhaus werden die so festgestellten Preise für Fallpauschalen in dem Formblatt V3 (siehe Abbildung 3.5) in der Spalte 4 dokumentiert. Die gesamte Erlössumme für eine spezifische Leistung (z.B. FP 10.01) ergibt sich damit aus der Multiplikation des landesweiten Preises und der jeweiligen – prognostisch festzulegenden – Anzahl (Spalte 3); im Beispiel DM 333.215. Zur Information und zwecks Validierung der Prognosemenge sind in den Spalten 1 und 2 die Anzahlen aus dem vergangenen und dem laufenden Pflegesatzzeitraum dargestellt.

<table>
<tr><td>Krankenhaus:
Krankenhaus ABC</td><td>Seite: 5
12.02.00</td></tr>
</table>

V 3 Fallpauschalen für die Fachabteilung *) *) Chirurgie**

Nr.	Abgerechnete Anzahl im ab- gelaufenen Pfle- gesatzzeitraum	Vereinbarte Anzahl für den laufenden Pfle- gesatzzeitraum	Pflegesatzzeitraum Anzahl	Entgelthöhe nach § 16 Abs. 1 u. 2	Zu- und Ab- schläge nach § 11 Abs. 3	Erlössumme	Aufteilung von Spalte 6 bei Erlösabzug **) Anteil Basispflegesatz	Anteil Abteilungs- pflegesatz
	1	2	3	4	5	6	7	8
02.01	4	1	1	4.361,12		4.361	963	3.398
10.01	88	85	87	3.830,05		333.215	72.355	260.859,39
12.01	1	1	0	6.938,37		0	0	0
12.02	2	3	3	5.516,28		16.549	3.513	13.035
12.03	1	0	1	5.876,80		5.877	1.521	4.356
12.04	10	8	11	5.111,19		56.223	10.715	45.508
12.05	9	10	10	3.523,76		35.238	9.521	25.717
12.07	39	30	38	3.862,80		146.787	40.335	106.451
12.08	7	8	10	4.322,54		43.225	11.818	31.407
17.03	1	0	2	10.319,76		20.640	5.297	15.343
17.04	7	10	6	10.396,09		62.377	16.284	46.093
17.05	18	20	17	5.745,20		97.668	28.091	69.577
17.12	12	10	13	6.052,20		78.679	21.199	57.479
17.13	20	24	21	10.287,75		216.043	48.954	167.088
17.14	4	8	5	4.301,38		21.507	4.706	16.801
18.01	2	0	1	8.262,49		8.262	2.189	6.074
18.03	1	0	1	6.938,51		6.939	1.806	5.133
Insgesamt:			227			1.153.588	279.268	874.319

Abbildung 3.5: Dokumentation der Fallpauschalen

Die Verhandlungspartner in den Pflegesatzvereinbarungen sind grundsätzlich an die auf der Landesebene vereinbarte Höhe der pauschalierten Entgelte gebunden. Allerdings ist es möglich, daß für Sonderentgelte und Fallpauschalen Zuschläge nach § 11 Abs. 3 BPflV vereinbart werden, wenn dies zur Sicherstellung der bedarfsgerechten Versorgung erforderlich ist. Dieser Fall ist bisher bundesweit nicht bekannt.

Andererseits können im Falle der Nicht-Teilnahme an der Notfallversorgung oder der Konzentration des Leistungsangebots auf „ungewöhnlich wenige Leistungsarten" auch Abschläge auf einzelne Pauschalentgelte nach § 11 Abs. 3 BPflV vereinbart werden. Von dieser Option ist bundesweit schon weitläufig Gebrauch gemacht worden; dies ist ein Hinweis auf den beginnenden Preiswettbewerb unter den Krankenhäusern.

Für die Berechnung der Erlössumme aus Sonderentgelten wird ein dem Aufbau des Formblatts V3 ähnliches Formblatt (V2) herangezogen. Die Aufsummierung der Erlössummen aus Multiplikation von Menge und Preis unter Berücksichtigung der Zu- und Abschläge über alle pauschalierten Leistungsarten ergibt die Erlösbeträge, differenziert für Fallpauschalen und Sonderentgelte, die im weiteren Verfahren zur Ermittlung des Budgets des Krankenhauses und der Abteilungen relevant sind. In Abbildung 3.5 ist als Gesamterlösbetrag für die Fallpauschalen der Abteilung Chirurgie ein Volumen von DM 1.153.588 ausgewiesen.

Das dargestellte Verfahren wird als sog. Erlösabzugsverfahren bezeichnet. Es besagt im Kern, daß nicht die konkreten (Durchschnitts-)Kosten der Leistungserbringung betrachtet werden, sondern daß die Erlöse für Fallpauschalen und Sonderentgelte bei der Ermittlung des Budgets sowie der Berechnung von Abteilungspflegesätzen und Basispflegesatz einfließen. Dabei ist bei den Fallpauschalen aufgrund der Systematik der LKA, d.h. der Trennung von Basis- und Abteilungsbereich, eine Aufteilung der Erlösanteile von Fallpauschalen notwendig (siehe auch Abbildung 3.3).

Die Aufteilung anteiliger Erlöse auf die Bereiche „Basispflegesatz" und „Abteilungspflegesätze" wird über das Formblatt V3 vorgenommen (siehe Spalte 7 und 8 der Abbildung 3.5). Grundlage hierfür sind vorgegebene absolute Punktezahlen und somit Anteile, die in den Entgeltkatalogen dokumentiert sind.

Beispiel:

	Punkte Personal		Punkte Sachmittel		davon: Punkte Personal für Basispflegesatz		davon: Punkte Sachmittel für Basispflegesatz		davon: Gesamtpunkte für Basispflegesatz	
	abs.	in % von Gesamt	abs.	in % von Gesamt	abs.	in % von Gesamt	abs.	in % von Gesamt	abs.	in % von Gesamt
FP 02.01	2.690	67,5 %	1.295	32,5 %	440	11,0 %	440	11,0 %	880	22,1 %
FP 10.01	2.470	70,6 %	1.030	29,4 %	380	10,9 %	380	10,9 %	760	21,7 %

Aus dem Preis der FP 02.01 in Höhe von DM 4.361,12 errechnet sich aus der obigen Tabelle somit ein Anteil für den Basispflegesatz von DM 963,06 (jeweils DM 481,53 für Personal und Sachmittel). Für den Abteilungspflegesatz verbleiben nach Substraktion der anteiligen Erlöse für den Basispflegesatz DM 3.398,06. Bei der FP 10.01 beträgt der wertmäßige Anteil für den Basispflegesatz DM 831,67, für den Abteilungspflegesatz DM 2,998,38. In Spalte 7 und 8 des Formblatt V3 finden sich diese Werte unter Berücksichtigung der prognostizierten Menge (Spalte 3) wieder. Die so ermittelten differenzierten Erlöse für Fallpauschalen, hier getrennt nach Basis- und Abteilungsbereich, und Sonderentgelte haben direkte Auswirkungen auf die Höhe der zu berechenden Abteilungspflegesätze und des Basispflegesatzes.

Es ist zu berücksichtigen, daß das Erlösvolumen für Fallpauschalen und Sonderentgelte maßgeblich durch die Anzahl je Entgeltart bestimmt wird. Die Anzahl ist für den zu vereinbarenden Pflegesatzzeitraum zu prognostizieren. Abweichungen, sowohl positive als auch negative, von der Prognose führen fast immer zu einem Wegfall von Umsatzerlösen (vgl. Kap. 3.7).

3.4 Budget für den Pflegesatzzeitraum

Dem prospektiven Budget für den Pflegesatzzeitraum kommt gegenwärtig die größte Bedeutung zu. Es gibt den finanziellen Rahmen für das gesamte Krankenhaus vor; alle durch das Krankenhaus den Krankenkassen in Rechnung gestellten Beträge aus Fallpauschalen, Sonderentgelten sowie Abteilungs- und Basispflegesätzen sind als Abschlagszahlungen auf das prospektive Budget zu verstehen. Ein Abgleich zwischen den SOLL-Beträgen und den IST-Beträgen wird nach Beendigung des Pflegesatzzeitraums vorgenommen. Die Differenz wird über differenzierte Ausgleichsberechnungen (vgl. Kap. 3.7) in zukünftigen Pflegesatzzeiträumen verrechnet.

Das Budget für den Pflegesatzzeitraum (Formblatt K5 der LKA) basiert auf den kalkulatorischen Gesamtkosten des Krankenhauses (siehe Kap. 3.2, Abbildung 3.4). Von diesen Kosten werden bestimmte Kosten für Leistungen, die nicht zu den allgemeinen Krankenhausleistungen gehören (z.B. vor- und nachstationäre Behandlung, wahlärztliche Leistungen, § 7 Abs. 2 BPflV) abgezogen. Hierfür existieren exakte Kalkulationsvorgaben, auf die in Kap. 3.5 und Kap. 3.6 näher eingegangen wird. Darüber hinaus werden im Budget bestimmte Ausgleiche und Zuschläge berücksichtigt, die sich zum einen aus Sonderbestimmungen zur BPflV (z.B. Instandhaltungskosten, Ausgleich BAT-Steigerungsraten) und zum anderen aus dem Ausgleich der Differenz zwischen prognostizierten Budgets und tatsächlichen Umsätzen aus früheren Pflegesatzzeiträumen ergeben. Auf diese Aspekte wird im folgenden nicht eingegangen.

Die zentrale Bedeutung des Budgets für den Pflegesatzzeitraum wird durch die in den vergangenen Jahren gesetzlich vorgegebene Berechnung der Budgetobergrenze deutlich. Demnach dürfen die Budgets der Krankenhäuser grundsätzlich nur in Höhe einer vom Bundesministerium für Gesundheit vorgegebenen Steigerungsrate, die sich an der Steigerung der beitragspflichtigen Einnahmen der Krankenkassen orientiert, steigen (Stichwort „Beitragssatzstabilität"). Da das Budget des Krankenhauses den Ausgangspunkt für die Verteilung von Kosten auf den Basisbereich (K6 der LKA) und die Abteilungsbudgets (K7 der LKA) darstellt, haben somit die vorgegebenen Steigerungsraten eine zentrale Auswirkung auf die finanziellen Budgets der einzelnen Fachabteilungen.

3.5 Ermittlung des Basispflegesatzes

Der Basispflegesatz wird einheitlich für alle Fachabteilungen des Krankenhauses ermittelt. Grundsätzlich fließen in den Basispflegesatz in Abgrenzung zu den Abteilungspflegesätzen die nicht-medizinischen Kosten (sog. Hotelleistungen) ein. Grundlage für die Ermittlung des Basispflegesatzes sind die unter dem

Bereich „Basispflegesatz" des K1 – K3 aufgeführten Kosten. Von diesen Kosten sind diejenigen Anteile abzuziehen, die nicht den allgemeinem Krankenhausleistungen zuzurechnen sind.

Abzüge	Bemerkungen
Anteilige Erlöse bzw. Kosten aus vor- und nachstationären Leistungen	hier sind gemäß Kalkulationsvorschrift 30% der vorauskalkulierten Erlöse anzusetzen; im Beispiel der Abbildung 3.6 DM 31.199
Kosten der sonstigen nichtärztlichen Wahlleistungen	z.B. Telefon, Fernseher
Anteilige Erlöse aus Fallpauschalen	Da die Fallpauschalen-Erlöse als „Kompletterlös" für die Patientenbehandlung anteilig Kosten für Unterkunft und Verpflegung umfassen, sind aus dem Formblatt V3 die dort ausgewiesenen Anteile für den Basispflegesatz (für die chirurgische Fachabteilung beträgt der Anteil DM 279.268, siehe Abbildung 3.5) zu berücksichtigen (Erlösabzugsverfahren)
Gesondert berechenbare Unterkunft	Die pauschalierte Kostenausgliederung ist für die auf Ein- und Zweibettzimmerzuschläge entfallenden Berechnungstage von Restbudgetpatienten durchzuführen; die Belegungstage bei Fallpauschalen-Patienten bleiben unberücksichtigt. Die entsprechende Kalkulationsvorschrift wird in der Fußnote von K6 erläutert; Beispiel: Einzelzimmer: Betrag nach K6, Zeile 18 (DM 150,02) * Berechnungstage für Unterkunft (608 Tg.) * Vomhundertsatz nach § 7 Abs. 2 Satz 2 Nr. 7 BPflV (65%) = DM 59.287,90
Anteilige Ausgleiche und Zuschläge sowie Investitionszuschläge nach § 18b KHG	z.B. periodenfremde Verrechnungen, Finanzierung von Rationalisierungsinvestitionen

Schließlich ist das Krankenhaus gefordert, die durch das GSG ´93 vorgegebenen neuen Behandlungsarten anzuwenden und entsprechende teilstationäre Pflegesätze für entsprechende Behandlungen (z.B. onkologische Versorgung) abzurechnen. Teilstationäre Pflegesätze werden vereinfacht mittels Schätzung ermittelt (Beköstigung und Verwaltungsaufwand etc.) und ergeben mit der voraussichtlichen Anzahl der teilstationären Pflegetage das Volumen für die teilstationäre Behandlung im Basisbereich.

Der verbleibende Betrag ist durch die Anzahl der Berechnungstage zu dividieren und ergibt so den Basispflegesatz für das Krankenhaus. Dabei ist darauf zu achten, daß sowohl die Berechnungstage für die teilstationären Behandlungen als auch die prognostizierten Belegungstage für die Behandlung von Fallpauschalen-Patienten unberücksichtigt bleiben.

Im unteren Teil des Formblatts K6 der LKA werden nachrichtlich einige Informationen ausgewiesen, die für die o.g. Berechnung von Bedeutung sind. Diese Informationen werden z.T. aus den Leistungsangaben des Krankenhauses (Abschnitt L-Leistungsdaten der LKA) entnommen.

<table>
<tr><td colspan="2">Krankenhaus:
Krankenhaus ABC</td><td></td><td>Seite: 17

16.02.00</td></tr>
</table>

K 6 Ermittlung des Basispflegesatzes nach § 13 Abs. 3

lfd. Nr.	Ermittlung des Basispflegesatzes	Vereinbarung für den laufenden Pflegesatzzeitraum	Pflegesatzzeitraum	
			Forderung	Vereinbarung [2]
	1	2	3	4
1	Summe Kostenarten (K 1 - K 3, Nr. 27 Sp. 2)		1.796.856	
	Abzüge nach § 7 Abs. 2 für:			
2	./. vor- und nachstat. Behandlung; 30 % [26]		31.199	
3	(aufgehoben)			
4	./. sonstige nichtärztliche Wahlleistungen		13.713	
5	pflegesatzfähige Kosten		1.751.944	
6	./. Erlöse aus Fallpauschalen [27]		322.698	
7	verbleibende pflegesatzfähige Kosten		1.429.246	
8	./. gesondert berechenbare Unterkunft [28]		129.290	
9	Budgetanteil ohne Ausgl. u. Zuschläge		1.299.957	
10	anteilige Ausgl. u. Zuschläge (K 5, Nr. 20) [29]			
11	Zuschlag nach § 18b KHG			
12	Budgetanteil Basispflegesatz		1.299.957	
13	./. Erlöse aus teilstat. Basispflegesatz		0	
14	Budgetanteil vollstationär		1.299.957	
15	: vollstationäre Tage [30]		10.083	
16	= vollstationärer Basispflegesatz		128,93	
	Nachrichtlich:			
17	1. Pflegesatz o. Ausgl. u. Zuschläge		128,93	
18	2. Bezugsgröße Unterkunft		150,02	
	(Nr. 7: Tage) [41]			
19	3. Zu-/Abschlag nach § 21 Abs. 2			
	4. Tage m. besondert berechenb. Unterkunft			
20	- Einbettzimmer		608	
21	- Einbettzimmer bei Zweibettzimmer			
	als allgemeine Krankenhausleistung			
22	- Zweibettzimmer		1.542	

Abbildung 3.6: Berechnung des Basispflegesatzes

Die Höhe des Basispflegesatzes wird damit – ausgehend von den kalkulierten Kosten – von bestimmten Annahmen beeinflußt, die maßgeblich auch von den ärztlichen Mitarbeitern vorgegeben werden. Denn je nach Anzahl und Art der Fallpauschalen, des Anteils an Privatpatienten und des Umfangs an vor- und nachstationärer bzw. teilstationärer Behandlung bestimmt sich der Basisbetrag (Zeile 14 in Abbildung 3.6) zur Ermittlung des Basispflegesatzes. Diese Daten müssen prospektiv vorgegeben werden; eine zu optimistische Schätzung führt zu geringeren Erlösen und vermindert langfristig das zur Verfügung stehende Budget für den Basispflegesatz.

3.6   Ableitung von Abteilungspflegesätzen

Für die Ermittlung der Abteilungspflegesätze werden zunächst die direkt zurechenbaren Kosten der Abteilung (z.B. Ärztlicher Dienst, Pflegedienst, Medizinischer Bedarf) aus den Formblättern K1 – K3 für jede Abteilung (dazu zählen auch besondere Einrichtungen zur Versorgung von Schwerstbrandverletzten und die Intensivabteilung mit eigenständigem Pflegesatz) berücksichtigt. Zu beachten ist, daß nur anteilige Kosten von Instandhaltung (medizinisch-/technische Instandhaltung) und Gebrauchsgütern (z.B. Dienst-/Schutzkleidung) anzusetzen sind (vgl. Zeilen 5 und 6 der Abbildung 3.7). Weiterhin fließen hier die anteiligen Kosten aus dem Bereich „Innerbetriebliche Leistungsverrechnung" (z.B. OP, Labor) ein. Die Zuordnung der letztgenannten Kosten bereitet in der Praxis erhebliche Probleme, so daß umfangreiche Nebenrechnungen auf der Grundlage einer adäquaten Leistungsrechnung erforderlich werden (Kostenstellenrechnung). Hierzu ist die Mitarbeit der ärztlichen und pflegerischen Mitarbeiter zwingend erforderlich.

Analog der Ermittlung des Basispflegesatzes sind von diesen Kosten diejenigen Anteile abzuziehen, die nicht den allgemeinen Krankenhausleistungen zuzurechnen sind (§ 7 Abs. 2 BPflV).

Abzüge	Bemerkungen
Anteilige Erlöse bzw. Kosten aus vor- und nachstationären Leistungen	Hier sind gemäß Kalkulationsvorschrift 70% der vorauskalkulierten Erlöse anzusetzen; im Beispiel der Abbildung 3.7 DM 148.566
Kosten der ärztlichen Wahlleistungen	Der Aufwand für die Behandlung von Privatpatienten ist grundsätzlich nicht pflegesatzfähig, so daß diese Kosten bei der Ermittlung der Abteilungspflegesätze auszugliedern sind. Hierzu gibt § 7 Abs. 2 Satz 2 Nr. 4 + 5 eine pauschale Kalkulationsmethode vor. Demnach sind bei – Chefärzten mit sog. Neuverträgen (ab 1.1.1993) – 40% der liquidierten GOÄ-Gebühren für technische Leistungen und 20% der GOÄ-Gebühren für persönliche Leistungen anzusetzen. Maßgeblich sind die Honorareinnahmen vor Gebührenminderung nach § 6a Abs. 1 Satz 1 GOÄ
Sonstige ärztliche Leistungen	Hier sind die der Abteilung entstehenden Kosten für gesondert berechenbare ärztliche Leistungen (z.B. Gutachten) in Ansatz zu bringen
Anteilige Erlöse aus Fallpauschalen	Da die Fallpauschalen-Erlöse als „Kompletterlös" für die Patientenbehandlung anteilig Kosten für ärztlich/pflegerische Behandlung umfassen, sind aus dem Formblatt V3 die dort ausgewiesenen Anteile für den Abteilungspflegesatz, im Beispiel von Abbildung 3.5 DM 874.319 zu berücksichtigen (Erlösabzugsverfahren)
Erlöse aus Sonderentgelten	Mit den Sonderentgelt-Erlösen wird ein Teil der Ressourcen für die Patientenbehandlung vergütet. Da die Vergütung pauschal über Preise erfolgt, sind die entsprechenden Erlöse von den kalkulatorischen Aufwendungen abzusetzen; im Beispiel der Abbildung 3.7 DM 99.723
Anteilige Ausgleiche und Zuschläge	Insbesondere periodenfremde Verrechnungen

Schließlich ist das Krankenhaus gefordert, die durch das GSG ´93 vorgegebenen neuen Behandlungsarten anzuwenden und entsprechende teilstationäre Pflegesätze für entsprechende Behandlungen (z.B. Schlaflabor, Dialyse) abzurechnen. Teilstationäre Pflegesätze werden vereinfacht mittels Schätzung ermittelt (z.B. vollstationärer Abteilungspflegesatz minus anteilige Kosten für Nachtpflege) und ergeben mit der voraussichtlichen Anzahl der teilstationären Pflegetage das Volumen für die teilstationäre Behandlung im Abteilungsbereich. Dieses ist gleichfalls von den Kosten der Abteilung zu substrahieren.

Der verbleibende Betrag ist durch die Anzahl der Berechnungstage zu dividieren und ergibt so den Abteilungspflegesatz für die entsprechende Fachabteilung. Dabei ist darauf zu achten, daß sowohl die Berechnungstage für die teilstationären Behandlungen als auch die prognostizierten Belegungstage für die Behandlung von Fallpauschalen-Patienten unberücksichtigt bleiben. Darüber hinaus ist zu beachten, daß bei Patienten, für die ein Sonderentgelt berechnet wurde, bereits anteilig Kosten (für die Operation) erlöst werden und daher der Abteilungspflegesatz bei diesen Patienten für die Dauer von maximal 12 Tagen um 20% zu mindern ist. Somit ist eine Äquivalenziffernrechnung vorzunehmen, damit die kalkulierten Kosten für Restbudgetpatienten über die Abteilungspflegesätze erlöst werden können.

Im unteren Teil des Formblatts K7 der LKA werden nachrichtlich einige Informationen ausgewiese n, die für die o.g. Berechnung von Bedeutung sind. Diese Informationen werden z.T. aus den Leistungsangaben des Krankenhauses (Abschnitt L-Leistungsdaten der LKA) entnommen.

| Krankenhaus:
Krankenhaus ABC | Seite: 18
16.06.00 |

K 7 Ermittlung des Abteilungspflegesatzes nach § 13 Abs. 2

Abteilung [X]   besondere Einrichtung [ ]   Belegarzt [ ]

Bezeichnung: Chirurgie

lfd. Nr.	Ermittlung des Pflegesatzes (§ 13 Abs. 2 und 4)	Vereinbarung für den lfd. Pfle- gesatzzeitraum	Pflegesatzzeitraum	
			Forderung	Verein- barung[2]
	1	2	3	4
	Direkte Kosten für den Pflegesatz (K1-K3) [31]			
1	Ärztlicher Dienst [32]		385.247	
2	Pflegedienst		1.189.779	
3	Technischer Dienst [14]		0	
4	Medizinischer Bedarf		221.121	
5	Instandhaltung [20]		4.023	
6	Gebrauchsgüter [21]		575	
	Innerbetriebl. Leistungsverrechnung (K1-K3) [33]			
7	Intensiv [40] [42]		235.698	
8	OP und Anästhesie		1.253.558	
9	Med. Inst.		237.355	
10	In der Psychiatrie: Sonstige *)			
11	Ausbildungsstätten (ant. K 1-3, Sp. 3, Nr. 31) [22]			
12	**Kosten insgesamt**		3.527.356	
	Abzüge nach § 7 Abs. 2 für:			
13	./. vor- und nachstationäre Behandlung; 70% [34]		148.566	
14	(aufgehoben)			
15	./. belegärztliche Leistungen			
16	./. wahlärztliche Leistungen		49.400	
17	./. sonstige ärztliche Leistungen			
18	pflegesatzfähige Kosten		3.329.390	
19	./. Fallpauschalen (§ 12 Abs. 2 o. 3.) [23] [42]		874.319	
20	./. Sonderentgelte (§ 12 Abs. 2 o. 3) [24] [42]		99.723	
21	verbleibende pflegesatzfähige Kosten		2.355.348	
22	anteilige Ausgl. und Zuschläge von K 5, Nr. 20 [29] [42]			
23	./. Erlöse aus teilstat. Abteilungspflegesatz			
24	Budgetanteil vollstat. Abteilungspflegesatz		2.355.348	
25	: vollstat. gewichtete Berechnungstage [30] [35] [42]		7.458	
26	= vollstationärer Abteilungspflegesatz		315,80	
	Nachrichtlich: 1. Pflegesatz ohne Ausgl. u. Zuschläge [36]		315,80	
	2. Zu- / Abschlag nach § 21 Abs. 2			

Abbildung 3.7: Berechnung des Abteilungspflegesatzes

Auch für den Abteilungspflegesatz gilt, daß dessen Höhe maßgeblich durch ärztlich vorgegebene Annahmen beeinflußt wird. Die entscheidende Bedeutung kommt dabei der Höhe der zu berücksichtigenden Fallpauschalenerlöse zu. Werden diese zu hoch eingeschätzt, vermindert sich der Abteilungspflegesatz, so daß geringere Erlöse insgesamt resultieren. Weiterhin sind die Umsätze aus privatärztlichen Einnahmen, die tendenziell zukünftig geringer werden (siehe GKV Gesundheitsreform 2000; Anzahl Beihilfeberechtigter), realistisch einzuschätzen. Dies gilt analog für die Möglichkeiten zur vor-, nach- und teilstationären Behandlung. Zu optimistische Einschätzungen in diesem Bereich führen dauerhaft zu geringeren Abteilungsbudgets.

3.7 Abweichungen Plan-Ist: Wirkungen von Mengenüber-/unterschreitungen

Das über die LKA zu vereinbarende Budget ist als prospektives Budget zu verstehen; entsprechende Abweichungen über einen Plan-Ist-Vergleich sind nach den Regelungen der BPflV ´95 auszugleichen. Hierzu werden die tatsächlichen Erlöse, differenziert nach Abteilungspflegesätzen und Basispflegesatz sowie nach Fallpauschalen/Sonderentgelten, den Plan-Erlösen gegenübergestellt. Abgestellt wird auf die insgesamt erzielten Umsätze in DM nach pauschalen und tagesgleichen Entgelten; für diese Bereiche werden separate Ausgleiche der Differenz von Plan- und Ist-Erlösen vorgenommen.

Die Ausgleichsregelungen sind in der Bundespflegesatzverordnung in den §§ 11 und 12 geregelt; sie sind in den letzten Jahren in regelmäßigen Abständen verändert worden. Die hier dargestellten Regelungen basieren auf den Vorgaben der GKV Gesundheitsreform 2000. Demnach sind folgende Berechnungen anzustellen:

	Regelung bei Mindererlösen	Regelung bei Mehrerlösen	Sonderregelung
Umsatz aus Fallpauschalen und Sonderentgelten	Anspruch auf 40% der fehlenden Erlöse	Rückzahlung von 75% der über Plan vereinnahmten Erlöse	Bei Sachmittelanteilen von > 50% können andere Augleichssätze vereinbart werden
Umsatz aus Abteilungs- und Basispflegesätzen	Anspruch auf 40% der fehlenden Erlöse	Rückzahlung von 85% der über Plan vereinnahmten Erlöse	Mehrerlöse, die über 5% gegenüber dem Plan betragen, sind zu 90% zurückzuzahlen

Die dargestellten grundsätzlichen Regelungen können durch eine Vielzahl von spezifischen Vereinbarungen, die z.T. auch in den individuellen Pflegesatzverhandlungen zwischen Krankenhaus und Kostenträger verhandelbar sind, verändert werden. Hieraus resultieren komplexe ökonomischen Wirkungen für das Krankenhaus.

Ungeachtet dessen sind folgende Aspekte festzuhalten:

- Die gesamte Erlössituation des Krankenhauses ist zu berücksichtigen. Mengenüberschreitungen oder Mengenunterschreitungen bei Fallpauschalen, Sonderentgelten und Abteilungspflegesätzen einzelner Fachabteilungen können durch die Umsätze anderer Fachabteilungen kompensiert werden.

- Eine Planunterschreitung (=Mindererlöse) führt unabhängig von dem betroffenen Erlösbereich zu wirtschaftlichen Problemen, da mit einem Ausgleich von 40% die fixen Kosten im Krankenhaus nicht gedeckt werden können. Da in der Vergangenheit primär das Budget für den Pflegesatzzeitraum (vgl. Kap. 3.4) unter Rückgriff auf die Budgetobergrenze (max. Budgetsteigerung) verhandelt wird, führen zu optimistisch geplante Mengen an Fallpauschalen, Sonderentgelten oder tagesgleichen Pflegesätzen zu einer Reduktion der Höhe von Abteilungspflegesätzen und Basispflegesatz. Diese Feststellung gilt auch für zu hohe prognostizierte Erlöse aus vor-/nachstationären Behandlungen und wahlärztlichen-/nicht-wahlärztlichen Erlösen.

- Aus einer Planüberschreitung (=Mehrerlöse) im Restbudgetbereich (tagesgleiche Pflegesätze) resultieren nur unverhältnismäßig höhere Gesamterlöse. Eine größere Anzahl von Pflegetagen im Restbudgetbereich wird durch die Kostenträger nur dann akzeptiert, wenn sie mit überproportionalen Fallzahlerhöhungen einhergeht. Denn nur in diesem Fall ist die generell erwartete durchschnittliche Verweildauerverkürzung gegeben.

- Bei einer Planüberschreitung im Fallpauschalen-/Sonderentgelt-Bereich sind im Hinblick auf die Ergebniswirkung ggf. differenzierte Ausgleichssätze zu beachten Die in Abhängigkeit vom Anteil des Sachmitteleinsatzes unterschiedlichen Ausgleichssätze bei einzelnen Entgeltarten erfordern eine exakte Kostenkalkulation der Fallpauschalen und Sonderentgelte. Denn abhängig von den durchschnittlichen Kosten der Leistungserbringung sind positive oder negative Ergebnisse (Deckungsbeiträge) bei den pauschalierten Leistungen zu erwarten.

4 Leistungen/Entgeltformen im Krankenhaus

4.1 Grundsätzliches

Mit dem Stichtag 1. Januar 1996 gelten für alle Krankenhäuser sieben verschiedene Entgeltarten:

- Fallpauschalen (FP)
- Sonderentgelte (SE)
- Abteilungspflegesätze (AP)
- Basispflegesatz (BP)
- Vorstationärer Pflegesatz (VP)
- Nachstationärer Pflegesatz (NP)
- Vergütung für ambulante Operationen (AOp)

Die einzelnen Entgeltformen sind teilweise kombinierbar. Aus Gründen der Übersichtlichkeit werden zunächst diejenigen Leistungen genannt, die grundsätzlich mit allen Entgeltformen kombinierbar sind.

(1) Sonderentgelt zur Behandlung von Blutern mit Blutgerinnungsfaktoren (§ 11 Abs. 2 Satz 3 BPflV).
Wegen der extrem hohen Kosten der Gerinnungstherapeutika und der Schwierigkeit, die Anzahl der Hämophiliepatienten prospektiv für das Budget zu kalkulieren, kann ein gesondertes Entgelt im Sinne einer verursachungsgerechten Kostenzuordnung mit den Krankenkassen auf Landesebene vereinbart werden.

Die Abrechnung erfolgt als durchlaufender Posten, da das Kostenvolumen weder in die Budgetermittlung einzubeziehen noch als Erlös auszugliedern ist.

(2) Teilstationärer Pflegesatz für Dialysepatienten (§ 14 Abs. 6 Nr. 2 BPflV)
Ist der Patient vor der Krankenhausaufnahme bereits dialysepflichtig und steht die Nierenerkrankung in keinem kausalen Zusammenhang mit dem Krankenhausaufenthalt (interkurrente Erkrankung), kann zusätzlich ein teilstationärer Pflegesatz für die Dialyse abgerechnet werden. Es ist deshalb nur ein teilstationärer Pflegesatz abzurechnen, weil Unterbringung und Verpflegung bereits im entsprechenden Abteilungspflegesatz bzw. in der Fallpauschale enthalten sind. Eine Doppelfinanzierung wird somit vermieden.

(3) Wahlleistungen
Unabhängig von der Behandlungsform kann ein Patient Wahlleistungen in Anspruch nehmen, wenn er diese zusätzlich vereinbart. Wahlleistungen gehören nicht zu den allgemeinen Krankenhausleistungen. Sie sind nicht Bestandteil der sieben Entgeltarten und somit generell separat und zusätzlich abrechenbar. Allerdings zeigen sich in der Praxis eine Vielzahl von Einzelproblemen, die aus dem Versicherungsstatus des Patienten (z.B. Vergütung von Ambulanten Operationen bzw. vor-/nachstationären Behandlungen bei Zuzahlern) sowie der Art der vertraglichen Beziehung des behandelnden Arztes zum Krankenhaus bzw. den Kostenträgern (z.B. Persönliche Ermächtigung zur ambulanten Behandlung versus Institutsambulanz) resultieren.

4.2 Kombinationsmöglichkeiten mit der Fallpauschale

4.2.1 Akutbehandlungspauschale plus Weiterbehandlungspauschale

Zielsetzung bei der Entwicklung der Fallpauschalen war es, den gesamten Behandlungsfall zu vergüten. Entsprechend wurden für die BPflV Fallpauschalen kalkuliert, die das Leistungsspektrum bis zur Entlassung des Patienten nach Hause oder in die Rehabilitation beinhalten (vgl. Bundesministerium für Gesundheit 1995, Teilbericht V). Ergänzend wurde durch § 14 Abs. 5 BPflV bestimmt, daß im Falle einer „Zusammenarbeit" zweier Kliniken bei der Behandlung, d. h. bei einer frühzeitigen Verlegung in ein nachsorgendes Krankenhaus, die Fallpauschale zwischen den an der Behandlung beteiligten Kliniken aufzuteilen ist. Mit dieser Regelung sollte auch ein Ausweichen auf Sonderentgelte und tagesgleiche Pflegesätze verhindert werden. In der Praxis zeigte sich jedoch rasch, daß eine Vereinbarung der beteiligten Krankenhäuser über die Aufteilung der Fallpauschalen häufig nicht zu erreichen war.

Darüber hinaus wurden Patienten in zunehmendem Maße zu einem frühen Zeitpunkt direkt in Rehabilitationseinrichtungen nach § 111 SGB V überwiesen. In diesen Fällen konnte die Verpflichtung zur Aufteilung der Fallpauschale (§ 14 Abs. 5 BPflV) vermieden werden; das erstbehandelnde Krankenhaus konnte für eine kurze Behandlungszeit die ungekürzte Fallpauschale behalten. Diese Entwicklungen waren primär im Bereich der Orthopädie/Unfallchirurgie sowie der Herzchirurgie zu beobachten.

Der Gesetzgeber hat Konsequenzen aus der Nichtanwendung der Aufteilungsregelung und den Frühverlegungen in die Rehabilitationseinrichtungen gezogen. Mit der 5. Änderungsverordnung werden die meisten Fallpauschalen der Orthopädie/Unfallchirurgie und alle Fallpauschalen der Herzchirurgie mit Ausnahme der Herztransplantation (FP 09.14) aufgeteilt. Die bisherigen Fallpauschalen werden in eine Pauschale für die Akutbehandlung (Phase A: Operation und weitere Behandlung bis zur Wundheilung) und in eine Pauschale für die Weiterbehandlung in einem Krankenhaus bis zum Erreichen der AHB-Fähigkeit (Phase B) geteilt. Die Summe der Bewertungsrelationen beider Fallpauschalen bleibt unverändert gegenüber der bisherigen einheitlichen Fallpauschale.

Die verschiedenen Behandlungsphasen und deren Finanzierung zeigt Abbildung 4.1. Grundsätzlich lassen sich somit die beiden Fallpauschalen – bei Erbringung von Leistungen der Akut- und der Weiterbehandlungsphase – kombiniert für einen Patienten abrechnen. Dieser Patient wird im Rahmen der Leistungs- und Kalkulationsaufstellung (LKA) als ein Fall behandelt. Allerdings muß das Krankenhaus zwei Rechnungssätze nach § 301 SGB V zur Abrechnung liefern. Wie die derzeitige Praxis zeigt, kann jedoch ein Teil der Patienten nach der Akutbehandlungsphase im Krankenhaus direkt in eine Reha-Einrichtung verlegt werden. In diesem Falle wird die Fallpauschale für die Weiterbehandlungsphase nicht abgerechnet. Die Vorschrift zur Aufteilung einer Fallpauschale bei einer „Zusammenarbeit" von Krankenhäusern nach § 14 Abs. 5 BPflV wird somit künftig nur noch in den Fällen anzuwenden sein, in denen ein Patient noch während der Akutbehandlungsphase oder aber während der Weiterbehandlungsphase verlegt wird (s. Kap. 5.2).

Weiterhin ist darauf zu achten, daß für die Weiterbehandlungsphase eine Mindestverweildauer festgesetzt worden ist, die zwischen 50 und 60 % der durchschnittlichen Verweildauer für die Weiterbehandlungsphase beträgt. Damit wird klargestellt, daß der Fallpauschale für die Weiterbehandlungsphase ein bestimmtes – auch über die Zeitdauer des stationären Aufenthaltes definiertes – Mindestleistungsvolumen zugrunde liegt.

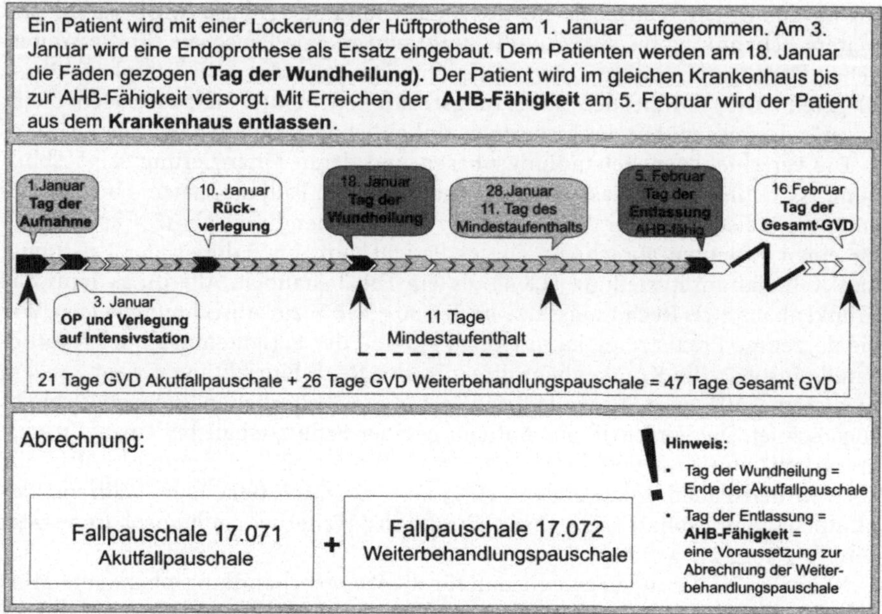

Abbildung 4.1: Teilung einer Fallpauschale in eine Akut- und eine Weiterbehandlungspauschale bei Leistungserbringung durch ein Krankenhaus

Für den Fall, daß ein Krankenhaus die gesamte Behandlung durchführt, d.h. Leistungen der Akutbehandlungs- und der Weiterbehandlungspauschale erbringt, schreibt die BPflV eine „Verklammerung" der Grenzverweildauern beider Fallpauschalen vor. Das bedeutet, daß zur Ermittlung der Gesamtgrenzverweildauer die beiden Grenzverweildauern aus der Akutbehandlungs- und der Weiterbehandlungspauschale addiert werden. Findet die Weiterbehandlung in einem anderen Krankenhaus statt, gilt die Grenzverweildauer der Weiterbehandlungspauschale ab dem Tag der Wundheilung (s. Abb. 4.2).

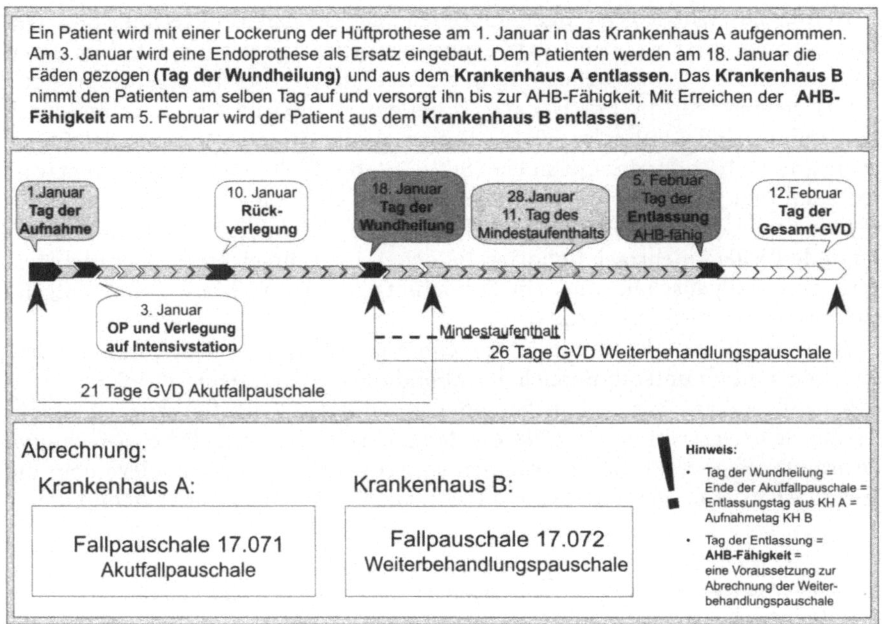

Abbildung 4.2: Teilung einer Fallpauschale in eine Akut- und eine Weiterbehandlungspauschale bei kooperativer Leistungserbringung durch zwei Krankenhäuser

4.2.2 Fallpauschale plus Sonderentgelt(e)

Entsprechend den Abrechnungsbestimmungen im bundesweiten Sonderentgeltkatalog für Krankenhäuser darf zusätzlich zu einer Fallpauschale (oder einem Sonderentgelt für Operationen) ein weiteres Sonderentgelt nur berechnet werden bei

- einer Operation an einem anderen Operationstermin,
- einer Operation an demselben Operationstermin, wenn der Eingriff in einem anderen Operationsgebiet über einen gesonderten Operationszugang erfolgt,
- einer Rezidiv-Operation (Wiederkehren der ursprünglichen Erkrankung; nicht bei Komplikationen) während desselben Krankenhausaufenthalts und
- bei Leistungen, bei denen dies aus der Leistungsdefinition hervorgeht.

Diese Regelung stellt klar, daß bei operativen Maßnahmen, bei denen ein *zweizeitiges Vorgehen* indiziert ist, die zusätzliche Abrechnung eines Sonderentgelts grundsätzlich erlaubt ist. Ausgenommen sind erneute Eingriffe aufgrund von typischen Komplikationen – bspw. Nachblutungen oder Wundheilungsstörungen –, da diese Leistungen im Case-Mix der Kalkulation enthalten sind.

Werden zusätzliche Leistungen während *desselben* Operationstermins durchgeführt, können diese nur dann abgerechnet werden, wenn der Eingriff über einen gesonderten Operationszugang und in einem anderen Operationsgebiet erfolgt.

Das bedeutet für die Praxis, daß z.B. bei einer Gebärmutterentfernung durch Bauchschnitt (FP 15.01 oder FP 15.02) eine gleichzeitige Entfernung des Blinddarms (SE 12.16) oder der Eierstöcke (SE 15.03 oder 15.04) nicht abgerechnet werden kann (vgl. den oberen Bereich der Abb. 4.3). Durch diese Regelung wird der Mehraufwand des Doppeleingriffs nicht honoriert. Andererseits werden Rüstzeiten in den Fällen mehrfach honoriert, in denen im Rahmen eines Operationstermins eine Fallpauschale und ein Sonderentgelt oder mehrere Sonderentgelte gemeinsam abgerechnet werden.

Beispiele für eine kombinierte Abrechnung von Fallpauschalen und Sonderentgelten sind im unteren Bereich der Abbildung 4.3 dargestellt.

Bei aufwendigen Zusatzeingriffen ohne gesonderten Operationszugang besteht für die Selbstverwaltung ab 1998 die Möglichkeit, die zusätzliche Abrechnung bestimmter Sonderentgelte im Rahmen spezifischer Leistungskomplexe über die Leistungsdefinition des jeweiligen Entgelts zuzulassen (sog. Positivkatalog).

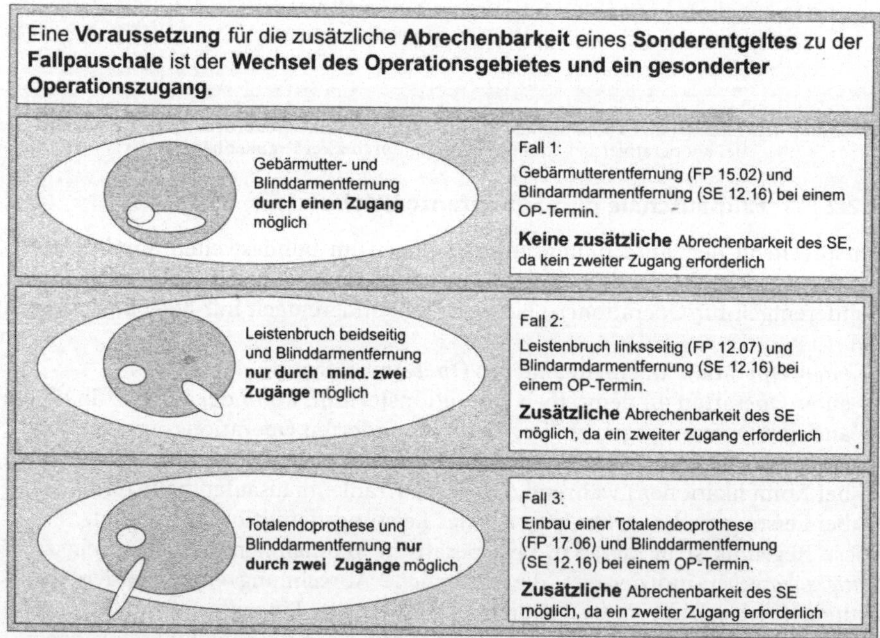

Abbildung 4.3: Voraussetzung für die zusätzliche Abrechnung eines Sonderentgelts

4.2.3 Fallpauschale plus Abteilungspflegesatz plus Basispflegesatz

In der Anlage 1 BPflV (Fallpauschalen-Katalog) ist neben der durchschnittlichen Verweildauer auch eine Grenzverweildauer (GVD) angegeben.

Bei Überschreitung der Grenzverweildauer sind lt. § 14 Abs. 7 BPflV zusätzlich zur Fallpauschale der Abteilungs- und Basispflegesatz abzurechnen (sog. Ausreißerregelung). Die tagesgleichen Pflegesätze werden ab dem Tag, der als Grenzverweildauer angegeben ist, zusätzlich zur Fallpauschale vergütet (vgl. Abb. 4.4).

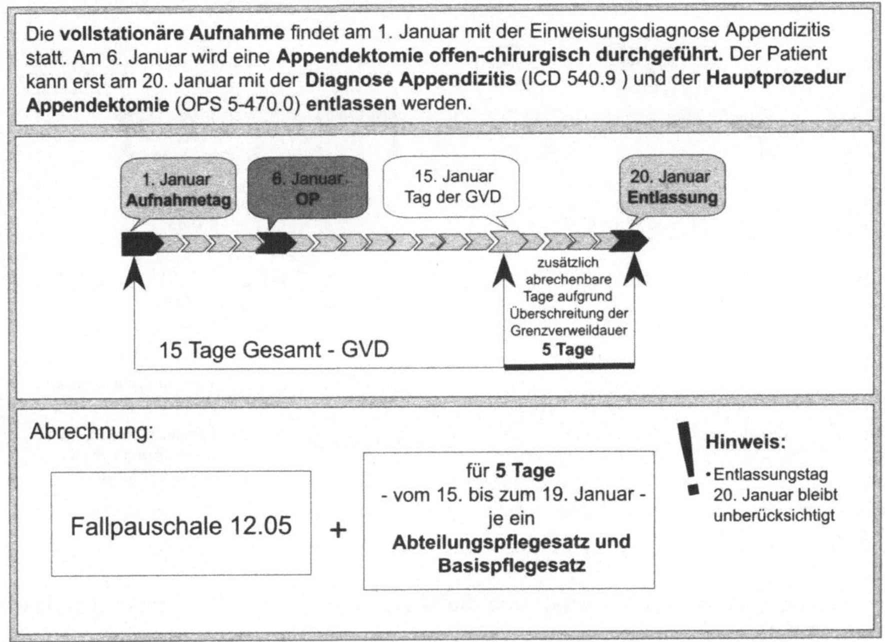

Abbildung 4.4: Abrechnung bei Überschreitung der Grenzverweildauer

Auf die Besonderheiten der Verweildauerüberschreitung bei den herzchirurgischen Leistungen und den Leistungen der Transplantationsmedizin wird an anderer Stelle gesondert eingegangen (vgl. Kap. 3.2.5.2 und 3.2.6.2).

Im Falle der nicht durchgängigen Versorgung des Patienten im Krankenhaus ist für die Ermittlung der Grenzverweildauer die Unterscheidung zwischen Kalender- und Behandlungstagen von Relevanz. So ist bspw. denkbar, daß der Patient über einen kurzen Zeitraum hinweg „beurlaubt" wird und das Krankenhaus verlassen darf. Die Beurlaubung kann entweder aus medizinischen Gründen oder auch aus Kapazitätsengpässen im OP unter der Voraussetzung eines elektiven Eingriffs erfolgen. Wie in Abb. 4.5 dargestellt, wird in diesem Fall die Grenzverweildauer auf der Grundlage der Behandlungstage ermittelt.

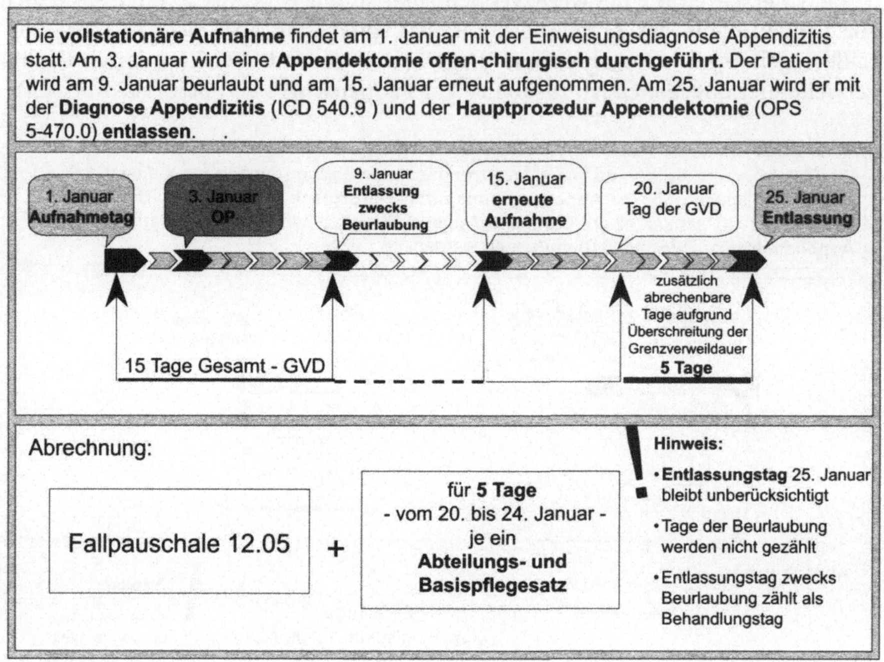

Abbildung 4.5: Ermittlung der Grenzverweildauer bei Beurlaubung des Patienten

Grundsätzlich anders verhält sich die Situation, wenn der Patient aufgrund von Komplikationen erneut aufgenommen werden muß. Voraussetzung ist, daß die Komplikation als Resultat der primären Behandlung des Patienten aufgetreten ist. Handelt es sich um ein anderes Krankheitsbild, ist die neuerliche Behandlung nicht Bestandteil des Leistungsumfangs der Fallpauschale und somit gesondert abrechenbar.

Zur Ermittlung der Grenzverweildauer bei Wiederaufnahme aufgrund von Komplikationen werden die Kalendertage herangezogen. Mit dieser Regelung (vgl. § 14 Abs. 2 BPflV) wollte der Gesetzgeber eine zeitlich unbegrenzte Verpflichtung des Krankenhauses zur unentgeltlichen Behandlung von Komplikationen verhindern. Es wird damit sichergestellt, daß ab einem bestimmten Zeitraum der Behandlung additiv Abteilungs- und Basispflegesatz abgerechnet werden können. Ein Beispiel für die Ermittlung der Grenzverweildauer wird in Abb. 4.6 dargestellt.

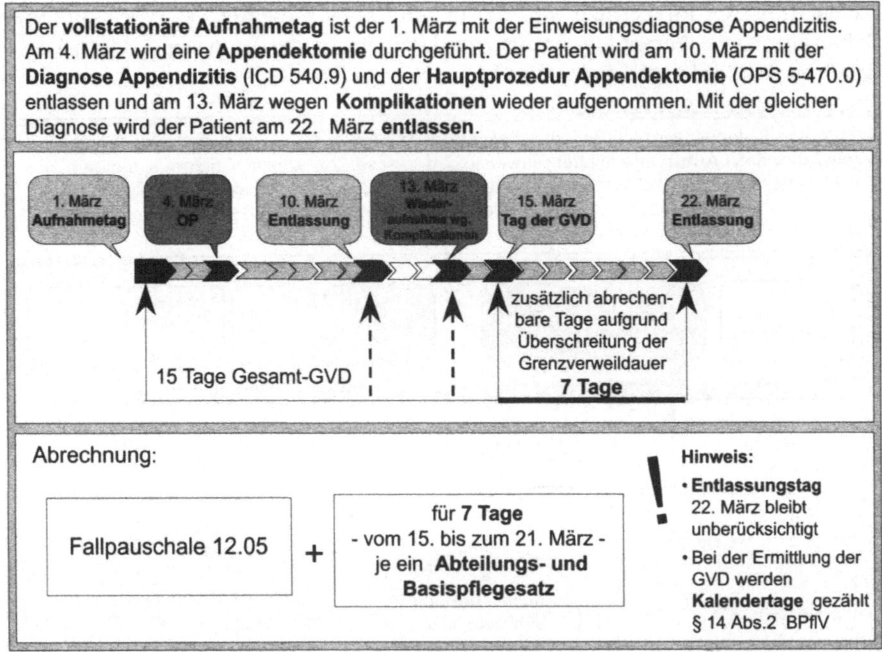

Abbildung 4.6: Ermittlung der Grenzverweildauer bei Wiederbehandlung aufgrund von Komplikationen

4.2.4 Fallpauschale plus vor- und nachstationäre Behandlung

Im Rahmen einer Leistung, die als Fallpauschale abgerechnet wird, kann ebenfalls eine vorstationäre Behandlung erfolgen; eine zusätzliche Vergütung ist jedoch grundsätzlich nicht möglich (vgl. § 14 Abs. 4 BPflV). Ausnahmen bestehen immer dann, wenn die Fallpauschale nicht und entgegen der Definition einer fallpauschalierten Leistung den gesamten Behandlungsfall umfaßt. Dies ist in den Fachdisziplinen der Herzchirurgie, der Geburtshilfe und bei den medizinischen Leistungen der Transplantationsmedizin der Fall.

Die nachstationäre Behandlung ist gleichfalls durchführbar. Hier besteht jedoch die Möglichkeit der zusätzlichen Leistungsvergütung unter der Voraussetzung, daß die in Anlage 1.1 Spalte 8 bzw. Anlage 1.2 Spalte 11 BPflV ausgewiesene Grenzverweildauer überschritten wird. Ist dies der Fall, kann ab den in den

Anlagen angegebenen Tagen zusätzlich zur Fallpauschale für jeden weiteren Tag ein nachstationärer Pflegesatz abgerechnet werden (vgl. Kap. 2.2.3.1). Grundlage für die Ermittlung der Grenzverweildauer sowie die additive Berechnung der nachstationären Pflegesätze sind die Behandlungstage einer evtl. vorstationären Behandlung, die Verweildauer im Krankenhaus sowie die Anzahl der nachstationären Behandlungen (vgl. Abb. 4.7).

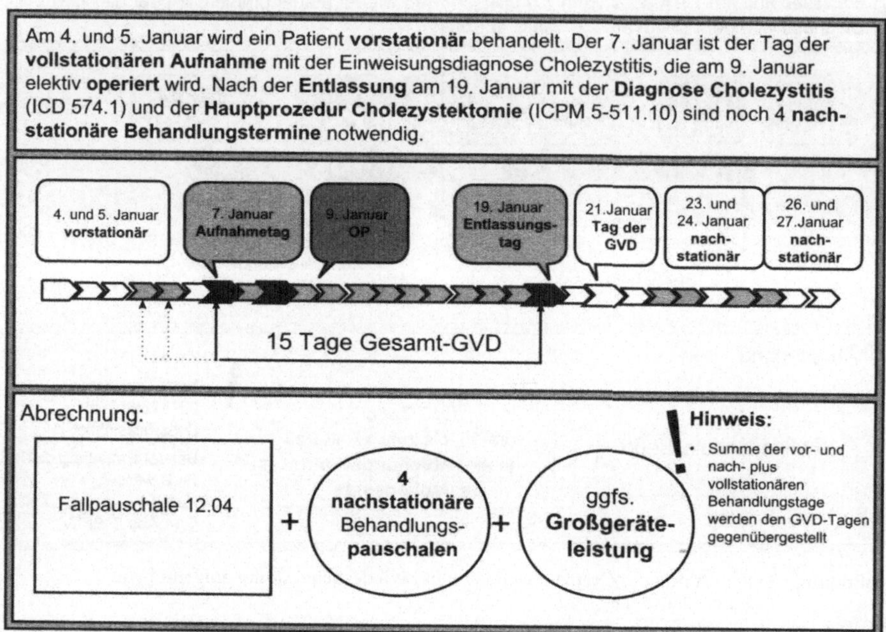

Abbildung 4.7: Kombination von Fallpauschale und nachstationärer Behandlung

4.2.5 Ausnahme: Herzchirurgie

4.2.5.1 Begrenzung des Leistungsumfangs

Für die herzchirurgischen Leistungen mit Ausnahme der Herztransplantation hat der Gesetzgeber eine Beschränkung des Leistungsumfangs der jeweiligen Fallpauschale vorgenommen. Die Fallpauschalen der Herzchirurgie (FP der Gruppe 9 mit Ausnahme der FP 09.14) umfassen alle Leistungen ab dem Tag der Aufnahme bzw. Verlegung in die Herzchirurgie. So wird die im Einzelfall bis zu mehrere Wochen dauernde Stabilisierung des Patienten vor einer Herzoperation (präoperative Phase) von der Fallpauschale ausgenommen und ist über den entsprechenden Abteilungspflegesatz und den Basispflegesatz pro Berechnungstag abzurechnen (vgl. Abb. 4.8).

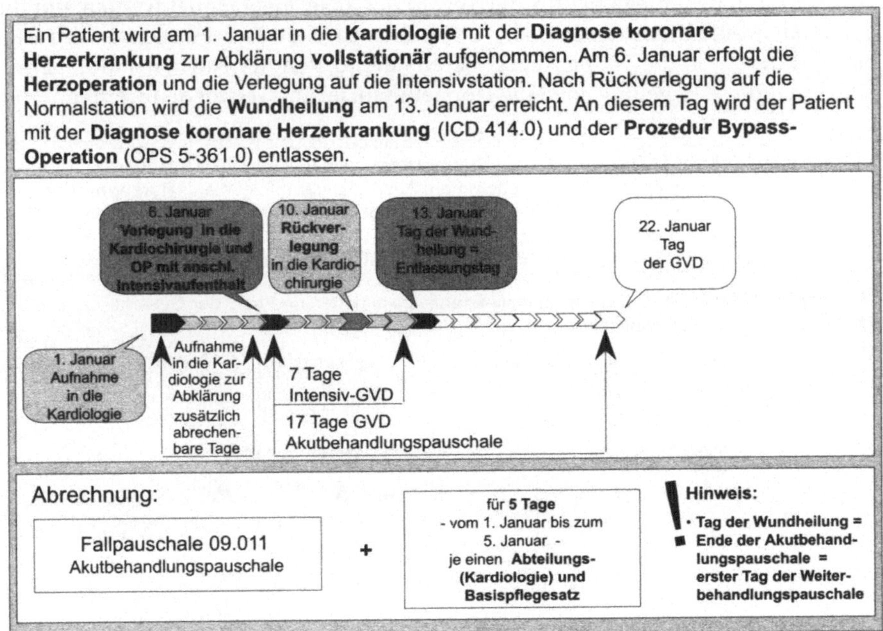

Abbildung 4.8: Grundsätzliche Abrechnung der herzchirurgischen Fallpauschalen

4.2.5.2 Differenzierung der Grenzverweildauer

Der Verordnungsgeber schreibt zwingend vor, daß neben einem Abteilungspflegesatz für die Herzchirurgie ein Abteilungspflegesatz für die Intensivabteilung zu bilden ist (vgl. § 13 Abs. 2 BPflV). Die Fallpauschalen der Herzchirurgie weisen zusätzlich zur Grenzverweildauer in Anlage 1.1 Spalte 8 einen Empfehlungswert für die durchschnittliche Verweildauer auf der Intensivstation (Anlage 1.1 Spalte 14) und eine Intensivgrenzverweildauer (Anlage 1.1 Spalte 9) aus. Bei Überschreitung der angegebenen Grenzverweildauern (GVD) ergeben sich aus § 14 Abs. 7 Satz 3 BPflV vier Abrechnungskombinationen:

(1) Überschreitung der Intensiv-GVD innerhalb der Gesamt-GVD:
Wird durch die Behandlung die Gesamt-GVD der Fallpauschale der Herzchirurgie insgesamt nicht überschritten, kann neben der Fallpauschale ein um 50% gekürzter Intensivpflegesatz für die Anzahl der Tage abgerechnet werden, um die der Intensivaufenthalt die Intensiv-GVD überschreitet. Der Pflegesatz wird deshalb gekürzt, weil die Fallpauschale bereits die Kosten der Normalstation vergütet. Durch diese Regelung soll eine Doppelfinanzierung vermieden werden.

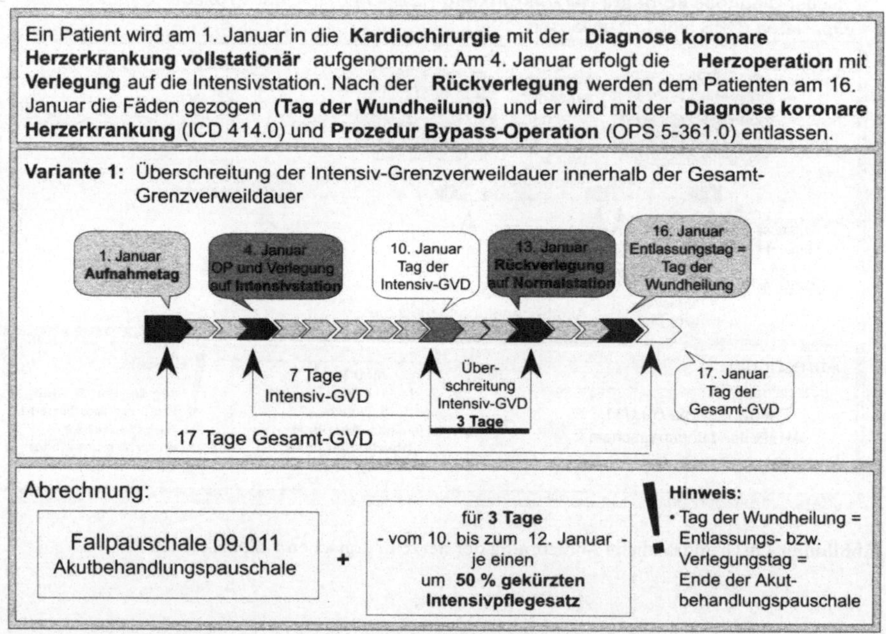

Abbildung 4.9: Abrechnung bei Überschreitung der Verweildauer auf der Intensivstation – Variante 1

(2) Überschreitung der Gesamt-Fallpauschalen-GVD:
Die Gesamt-GVD der Fallpauschale wird überschritten, jedoch nicht die Verweildauer der Intensivabteilung. Ab dem Tag der Gesamt-GVD sind der entsprechende Abteilungspflegesatz und der Basispflegesatz zusätzlich zur Fallpauschale abrechenbar.

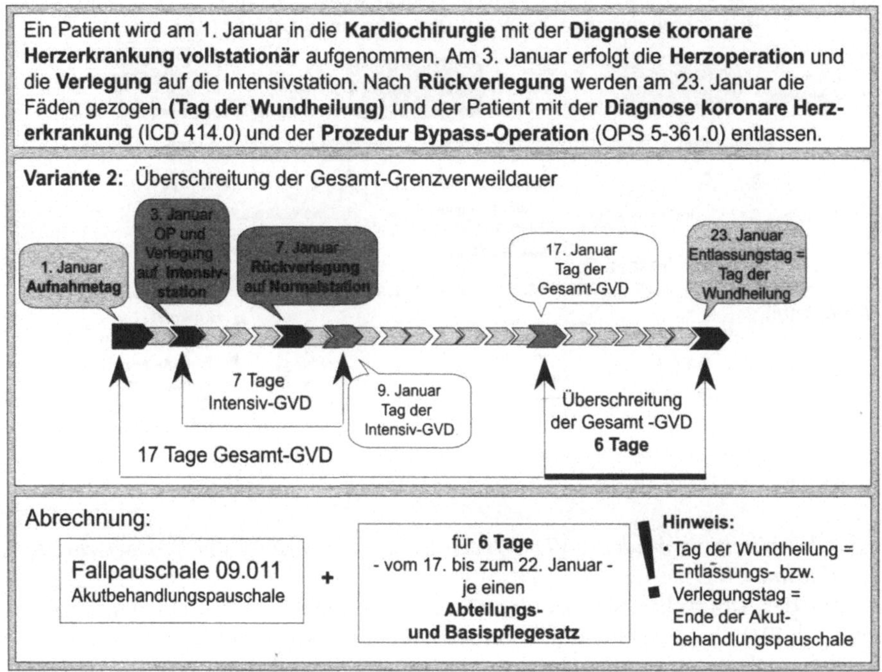

Abbildung 4.10: Abrechnung bei Überschreitung der Grenzverweildauer auf der Normalstation – Variante 2

(3) Überschreitung beider GVD (Überschreitung Intensiv-GVD $\leq$ Überschreitung Gesamt-GVD):
Werden beide Grenzverweildauern überschritten und ist die Zahl der über die Intensiv-GVD hinausgehenden Intensivberechnungstage kleiner oder gleich der Zahl der neben der Abrechnung der Fallpauschale zu berücksichtigenden Berechnungstage, wird der ungekürzte Intensivpflegesatz plus Basispflegesatz für die überschrittenen Intensivpflegetage vergütet. Für jeden weiteren Tag bis zur Höhe der zusätzlich zu berücksichtigenden Berechnungstage sind der entsprechende Abteilungspflegesatz und der Basispflegesatz abzurechnen.

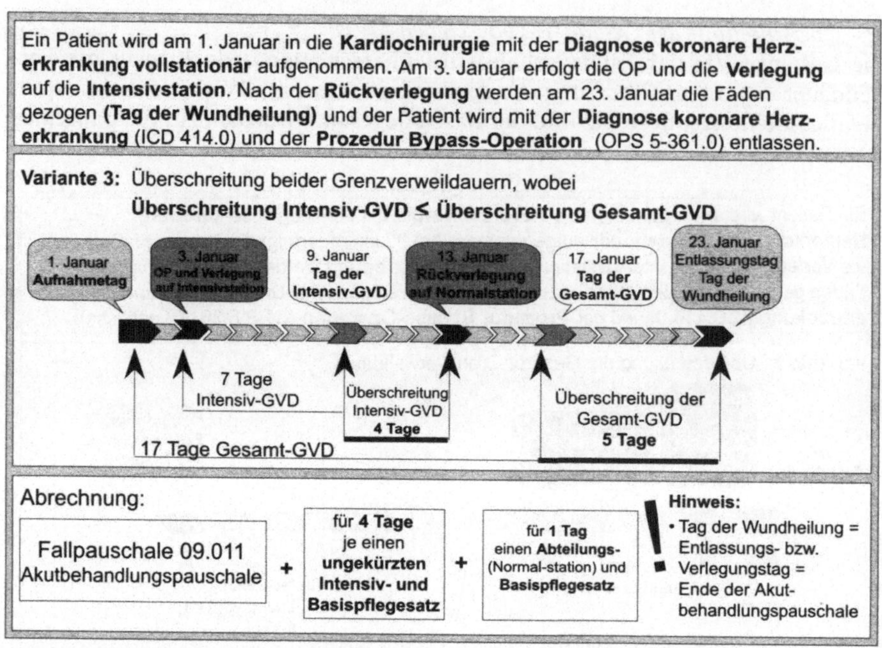

Abbildung 4.11: Abrechnung bei Überschreitung der Grenzverweildauer – Variante 3

(4) Überschreitung beider GVD (Überschreitung Intensiv-GVD > Überschreitung Gesamt-GVD):

Ist bei der Überschreitung beider Grenzverweildauern die Zahl der über die Intensiv-GVD hinausgehenden Intensivberechnungstage höher als die Zahl der zusätzlich abzurechnenden Gesamtberechnungstage, wird der ungekürzte Intensivpflegesatz plus Basispflegesatz in Höhe der zusätzlichen Gesamtberechnungstage vergütet. Die verbleibenden Berechnungstage der Intensivabteilung über die Intensivgrenzverweildauer hinaus sind mit dem um 50% gekürzten Intensivpflegesatz ohne Basispflegesatz zu berechnen .

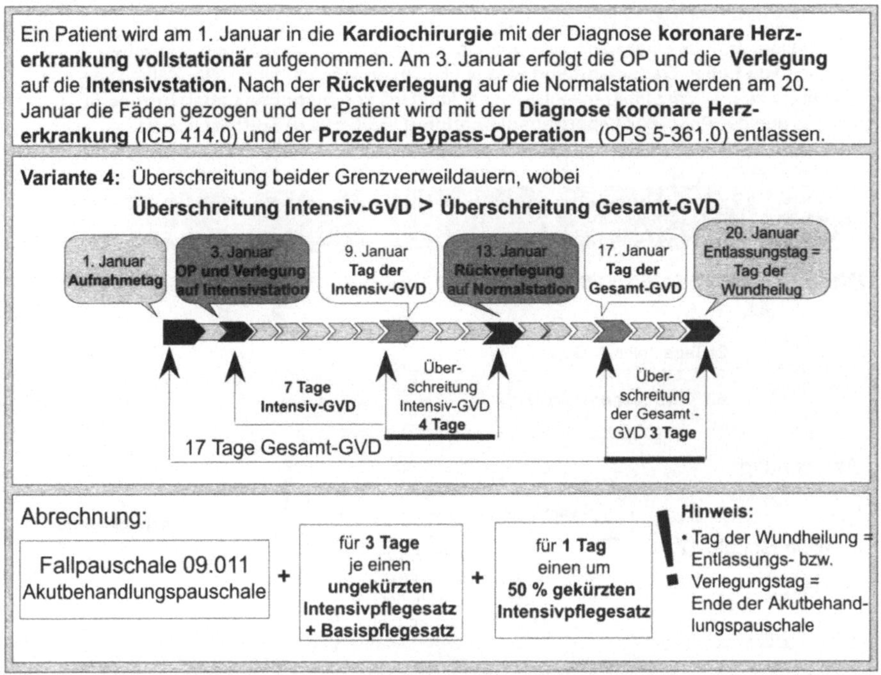

Abbildung 4.12: Abrechnung bei Überschreitung der Grenzverweildauer –Variante 4

4.2.6 Ausnahme: Leistungen der Transplantationsmedizin

4.2.6.1 Spezifika der Leistungen

Analog zu den herzchirurgischen Fallpauschalen gilt für die Fallpauschalen der Transplantationsmedizin eine Beschränkung des Leistungsumfangs. Damit hat der Gesetzgeber dem Umstand Rechnung getragen, daß zum einen die Wartezeit auf die Transplantation undefinierbar ist und zum anderen eine im Einzelfall bis zu mehrere Wochen dauernde Stabilisierung bzw. Vorbereitung des Patienten vor einer Transplantation erfolgt. Die Fallpauschalen der Herz-, Leber- und Nierentransplantation (FP 09.14, FP 12.10, FP 12.11, FP 13.01) umfassen alle Leistungen ab dem Tag der Operation, d.h. der Transplantation des Organs (vgl. Abb. 4.13). Eingeschlossen sind allerdings die Kosten der Organbeschaffung, auch wenn der Zeitpunkt der Organentnahme vor dem Tag der Transplantation liegt. Die präoperative Phase bei den Herz-, Leber- und Nierentransplantationen wird somit über entsprechende Abteilungs- und Basispflegesätze vergütet.

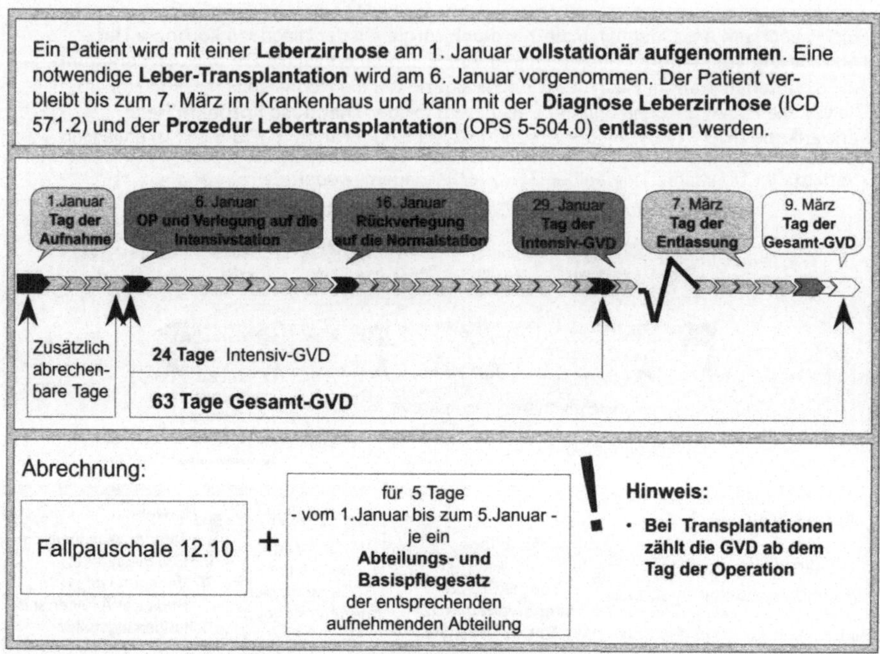

Abbildung 4.13: Beispiel: Leistungsumfang der Lebertransplantationsfallpauschale

Für die Leistungen der Knochenmarktransplantationen gilt seit Inkrafttreten der 5. ÄndV zum 01.01.1998, daß alle Leistungen ab Beginn der Konditionierungsphase mit der Fallpauschale vergütet werden. Als Besonderheit ist zu beachten, daß bei den Fallpauschalen der Knochenmarktransplantation eine Differenzierung zwischen Kindern und Erwachsenenen vorgenommen wurde. Damit ist primär dem unterschiedlichen Sachmittelaufwand Rechnung getragen worden. So sind die FP 11.04, FP 11.05 und FP 11.06 ausschließlich der Behandlung von Patienten unter 14 Jahren vorbehalten; die FP 11.01, FP 11.02 sowie FP 11.03 gelten ausschließlich für Erwachsene.

Ein weiteres Spezifikum betrifft die zeitlich begrenzte Gültigkeit der Fallpauschalen der Transplantationsmedizin. Während die überarbeitete FP 09.14 sowie die Transplantationsfallpauschalen aus der Gruppe 11 (Knochenmark) unbefristete Gültigkeit haben, ist die befristete Gültigkeit der Transplantationsfallpauschalen aus den Gruppen 12 (Leber-Transplantationen) und 13 (Nieren-Transplantationen) jeweils bis zum 31.12.2000 verlängert worden.

4.2.6.2 Differenzierung der Grenzverweildauer

Der Verordnungsgeber schreibt zwingend vor, daß bei der Abrechnung der Fallpauschalen, die in Anlage 1.1 Spalte 14 einen Empfehlungswert für die durchschnittliche Verweildauer auf der Intensivstation sowie in Anlage 1.1 Spalte 9 eine Intensivgrenzverweildauer ausweisen, ein Abteilungspflegesatz für die Intensivabteilung zu bilden ist (vgl. § 13 Abs. 2 BPflV). Dies trifft auch für die Leistungen der Herz-, Leber- und Nierentransplantation zu. Bei Überschreitung der angegebenen Grenzverweildauern ergeben sich aus § 14 Abs. 7 Satz 3 BPflV vier Abrechnungskombinationen, die in Kap. 3.2.5.2 (Herzchirurgie) ausführlich beschrieben sind. Es gilt die analoge Anwendung für die Fallpauschalen 09.14, 12.10, 12.11 und 13.01.

4.2.7 Ausnahme: Geburtshilfe

In der Geburtshilfe ist zwischen den Fallpauschalen für Entbindungen und für die Versorgung der Neugeborenen zu unterscheiden. Die Fallpauschalen der Geburtshilfe beinhalten die stationäre Versorgung der Schwangeren „…einschließlich bis zu drei Tagen…vor der Geburt"[1]. Bei der Abrechnung einer geburtshilflichen Fallpauschale ist zu beachten, daß zur Ermittlung der zusätzlich zu vergütenden präpartalen Leistungen die Kalendertage zugrunde gelegt werden. Die zusätzlichen Berechnungstage vor der präpartalen Verweildauer (3 Kalendertage vor der Geburt) werden über den entsprechenden Abteilungspflegesatz der Geburtshilfe und den Basispflegesatz abgerechnet. Dieser Sachverhalt wird in Abb. 4.14 illustriert.

---

[1] s. Teil II: Fallpauschalen 16.041 ff.

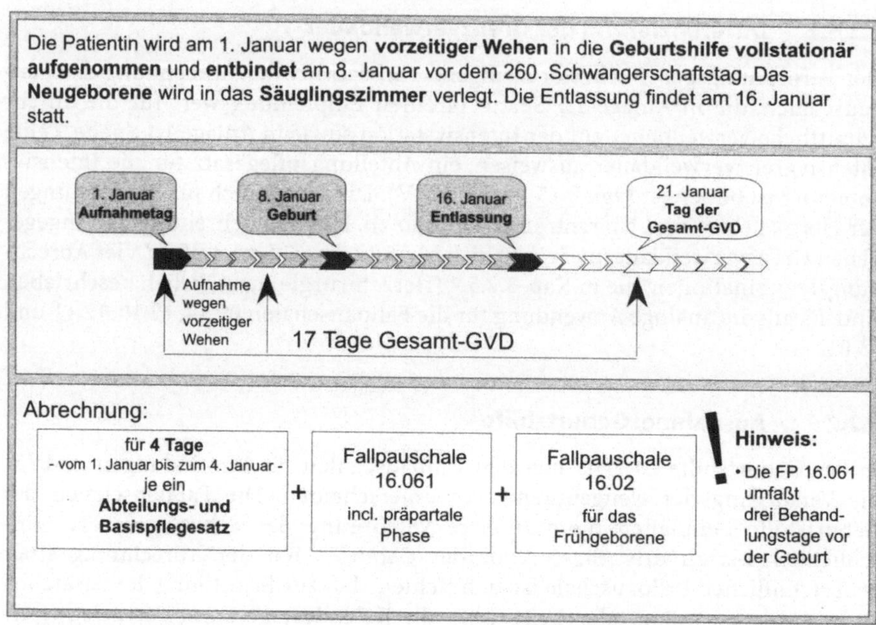

Abbildung 4.14: Geburtshilfe – Fallpauschalen und tagesgleiche Pflegesätze

Eine weitere Besonderheit betrifft die Abrechnung des Neugeborenen. Die Vergütung umfaßt die Versorgung des Neugeborenen auf der Säuglingsstation. Ein krankes bzw. erkranktes Neugeborenes wird dagegen durch eine pädiatrische Abteilung versorgt und ist entsprechend über den Abteilungs- und Basispflegesatz abzurechnen. Im Falle einer während des stationären Aufenthalts des Neugeborenen vorübergehenden Erkrankung sind somit eine Fallpauschale für die Versorgung des gesunden Neugeborenen – sofern es vor der Verlegung in die pädiatrische Abteilung mindestens einen Belegungstag auf der Säuglingsstation versorgt wurde und/oder nach der Rückverlegung für mindestens zwei Belegungstage auf der Säuglingsstation verbleibt – sowie Abteilungs- und Basispflegesatz der pädiatrischen Abteilung abzurechnen. Dieser Sachverhalt wird in Abb. 4.15 dargestellt.

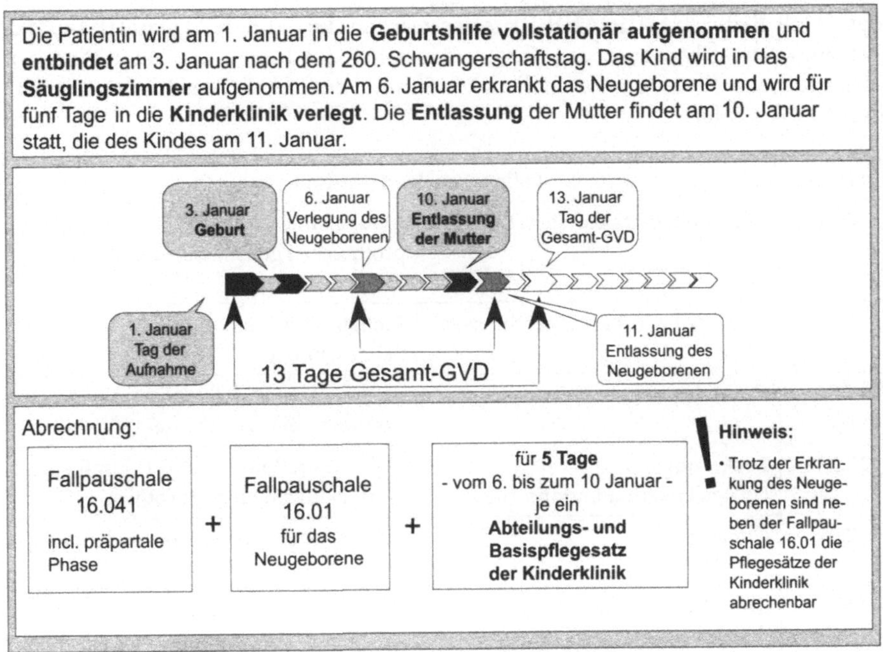

Abbildung 4.15: Abrechnung einer Geburt bei Erkrankung des Neugeborenen

4.2.8 Ausnahme: Orthopädie/Unfallchirurgie

4.2.8.1 Teilung der Fallpauschalen

Die Fallpauschalen für Operationen an Bewegungsorganen im Bereich der Endo-
prothetik oder für den Einbau von Hüft- bzw. Kniegelenksprothesen (Gruppe 17
der Fallpauschalen) bilden in vielen Fällen nicht mehr die aktuellen Behand-
lungsabläufe und Verweildauern ab, weil Patienten zunehmend frühzeitig nach
der Operation verlegt oder entlassen werden. Daher hat der Gesetzgeber die in
Abbildung 4.16 aufgeführten Entgelte in jeweils zwei Fallpauschalen aufgeteilt:
eine Fallpauschale für den akutstationären Behandlungsteil inklusive der Operation (Phase A) und eine sich anschließende Fallpauschale für die Weiterbehandlung im Krankenhaus (Phase B).

Der Übergang in die Phase der Weiterbehandlung im Krankenhaus (Phase B)
ist mit dem Abschluß der äußeren Wundheilung gegeben. Als Zeitpunkt wird
hierfür der 12. bis 14. postoperative Tag genannt. Das Ende der Phase B im Krankenhaus stellt die Fähigkeit des Patienten mindestens zur Anschlußrehabilitation

dar (AHB-Kriterien). Die AHB-Kriterien werden derzeit bereits genutzt, um den Zeitpunkt des Übergangs der Kostenträgerschaft im Falle einer Maßnahme zur Anschlußrehabilitation festzustellen. Die Summe der Bewertungsrelationen bleibt dabei unverändert.

FP-Nr.	Fallpauschalendefinition	
17.01	Schenkelhalsfraktur, geschlossen	Einbau einer Hüftgelenkstotalendoprothese bei geschlossener Schenkelhalsfraktur
17.02	Schenkelhalsfraktur, geschlossen	Einbau einer Hüftkopf-/Schaftprothese bei geschlossener Schenkelhalsfraktur
17.06	Coxarthrose	Einbau einer Hüftgelenkstotalendoprothese bei Coxarthrose
17.07	Lockerung der Hüftgelenkstotalendoprothese	Ersatz einer Endoprothese durch eine Hüftgelenkstotalendoprothese
17.09	Gonarthrose	Einbau einer Kniegelenkstotalendoprothese
17.10	Gonarthrose	Einbau einer unikompartimentalen Kniegelenks-Schlittenprothese
17.11	Lockerung der Kniegelenksendoprothese	Ersatz einer Endoprothese durch eine Kniegelenkstotalendoprothese

Abbildung 4.16: Weitergehend modifizierte Fallpauschalen der Gruppe 17

Bei der Weiterbehandlungsphase muß davon ausgegangen werden, daß die Verweildauer einen minimalen Wert nicht unterschreiten kann. Diese Annahme resultiert aus der Überlegung, daß die während dieser Phase erbrachten Leistungen (z.B. Physiotherapie) auf einem therapeutischen Konzept basieren, welches den stationären Aufenthalt des Patienten über einen bestimmten Zeitraum hinweg impliziert. Da hierzu gegenwärtig allgemeingültige Standards fehlen, wird eine Mindestverweildauer festgesetzt, die zwischen 50 und 60 % der für die Weiterbehandlungsphase kalkulierten durchschnittlichen Verweildauer beträgt.

Für den Fall, daß ein Krankenhaus die gesamte Behandlung durchführt, d.h. Leistungen der Akutbehandlungs-Pauschale und der Weiterbehandlungs-Pauschale erbringt, schreibt die BPflV eine „Verklammerung" der Grenzverweildauern beider Fallpauschalen vor. Das bedeutet, daß zur Ermittlung der Gesamtgrenzverweildauer die beiden Grenzverweildauern aus der Akutbehandlungs- und der Weiterbehandlungspauschale addiert werden.

4.2.8.2 Verlegung in eine Fachabteilung „Akutgeriatrie"

Für die endoprothetische Akutversorgung nach Schenkelhalsfraktur (ehemalige Fallpauschalen 17.01 und 17.02) wird für Patienten, die im Anschluß an die akutstationäre Behandlung in ein geriatrisches Fachkrankenhaus oder eine geriatrische Fachabteilung verlegt werden, eine gesonderte Fallpauschale auf der Grundlage einer verkürzten Verweildauer festgelegt.

Die Verlegung multimorbider, chronisch kranker geriatrischer Patienten mit Mehrfacheinschränkungen der selbständigen Lebensführung nach der Akutbehandlung in ein geriatrisches Fachkrankenhaus oder eine geriatrische Fachabteilung, möglicherweise des gleichen Krankenhauses, erfolgt sinnvollerweise bereits durchschnittlich nach 8 Tagen, d.h. noch innerhalb der Phase der Wundheilung, da eine möglichst schnelle Frühmobilisierung im Rahmen eines spezialisierten geriatrischen Behandlungskonzepts die Chancen auf eine Wiederherstellung der Fähigkeit zur selbständigen Lebensführung oder für eine frühzeitige Entlassung in ein Pflegeheim signifikant verbessern kann (vgl. Abb. 4.17).

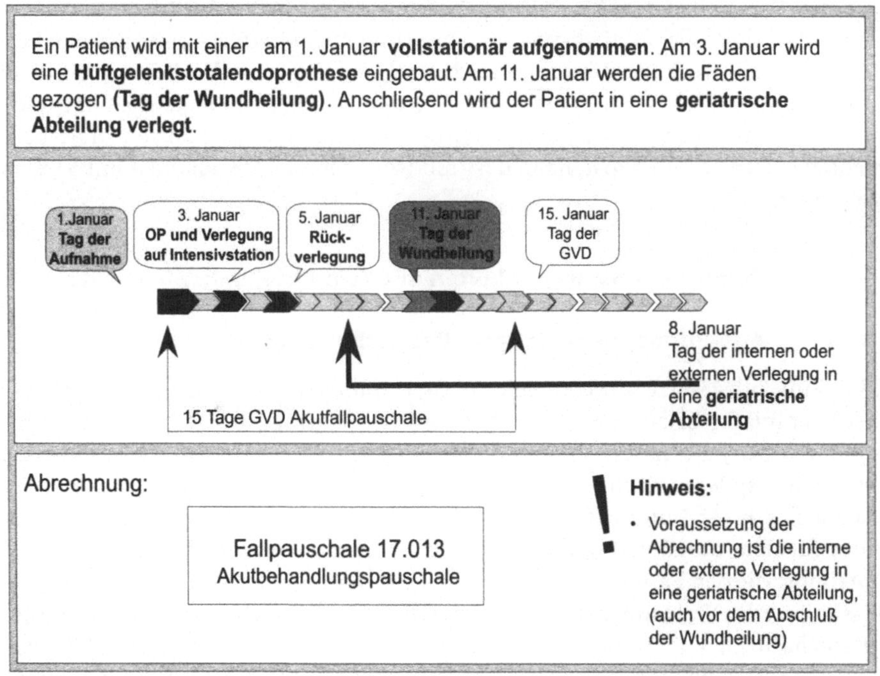

Abbildung 4.17: Verlegung in eine geriatrische Fachabteilung vor Abschluß der Wundheilung

Für die Phase der Frührehabilitation in einer geriatrischen Fachklinik oder einer geriatrischen Fachabteilung wird keine Fallpauschale vorgegeben, da der Zeitbedarf bzw. die Verweildauer für geriatrische Patienten erheblich schwankt, stark durch das jeweilige Krankheitsbild bedingt ist und daher einer Pauschalierung der Entgelte im Rahmen einer Fallpauschale nicht zugänglich ist. Vielmehr ist eine Vergütung zu tagesgleichen Pflegesätzen den Besonderheiten der medizinischen Leistungen in der Geriatrie angemessen.

4.2.9 Ausnahme: Krankenhäuser/Fachabteilungen, die ausschließlich Fallpauschalen abrechnen

Krankenhäuser oder Fachabteilungen, deren Leistungen ausschließlich über Fallpauschalen vergütet werden, ermitteln kein Restbudget und somit auch keinen Abteilungs- und Basispflegesatz. Bei Überschreitung der Grenzverweildauer rechnen diese Krankenhäuser/Fachabteilungen für jeden zusätzlichen Berechnungstag eine Pauschale in Höhe von 260 Punkten ab (§ 14 Abs. 5 BPflV). Mit dieser Pauschale sind alle ärztlich-pflegerischen und nichtärztlich-pflegerischen Leistungen abgegolten. Der Betrag ist nach Maßgabe des § 14 Abs. 5 Satz 8 BPflV in Verbindung mit § 16 Abs. 1 Satz 1 BPflV ab dem 1. Januar 1996 jährlich anzupassen, um Veränderungen der Punktwerte bei Personal- und Sachkosten zu berücksichtigen. Der Personalkostenanteil ist mit 67%, der Sachkostenanteil mit 33% zu gewichten.

4.3 Kombinationsmöglichkeiten mit dem Abteilungspflegesatz

4.3.1 Abteilungspflegesatz plus Basispflegesatz

Abteilungspflegesätze sind Entgelte je Berechnungstag für ärztlich und pflegerisch veranlaßte Leistungen der in Anhang 1 zur Leistungs- und Kalkulationsaufstellung (LKA) genannten Fachabteilungen (§ 13 Abs. 2 Satz 1 BPflV). Zusätzlich ist der Basispflegesatz für nichtärztlich-pflegerisch veranlaßte Leistungen abzurechnen (z. B. für Unterbringung und Verpflegung). Berechnet werden die Pflegesätze für den Aufnahmetag und für jeden weiteren Berechnungstag in der Fachabteilung, die den Patienten stationär versorgt (§ 14 Abs. 2 Satz 1 BPflV). Der Entlassungs- oder Verlegungstag ist grundsätzlich nicht abrechenbar. Letztgenanntes gilt nicht für den teilstationären Pflegesatz (§ 14 Abs. 2 Satz 1, 2. ÄndV BPflV, vgl. Kap. 2.2.1.4.2), da sich die teilstationäre Leistungen am Entlassungstag zumeist nicht reduzieren.

4.3.2 Abteilungspflegesatz plus Basispflegesatz plus Sonderentgelt(e)

Durch die 5. ÄndV zur BPflV wird die Abrechnungspraxis bei der Kombination von Sonderentgelten mit tagesgleichen Pflegesätzen vereinfacht. Grundsätzlich gilt nun, daß bei der Abrechnung eines Sonderentgelts die Abteilungspflegesätze um 20 % zu kürzen sind, maximal jedoch für 12 Berechnungstage. Dies gilt für alle Sonderentgelte des Sonderentgelt-Katalogs, also auch für die Sonderentgelte der Gruppen II (Sonstige therapeutische Maßnahmen) und III (Diagnostische Maßnahmen).

Darüber hinaus wird auch klargestellt, daß mit Ausnahme der Abteilungspflegesätze für die Intensivmedizin, die Neonatologie und die Psychiatrie alle Abteilungspflegesätze zu kürzen sind, und zwar unabhängig davon, welche Fachabteilung die Sonderentgeltleistung erbracht hat. Die Kürzung der Abteilungspflegesätze muß entsprechend der zeitlichen Reihenfolge seit der Krankenhausaufnahme – und nicht etwa ab dem Zeitpunkt der Sonderentgeltleistung – durchgeführt werden. Die nachfolgende Abbildung 4.18 zeigt exemplarisch die Kürzung der tagesgleichen Pflegesätze bei der Abrechnung eines Sonderentgelts.

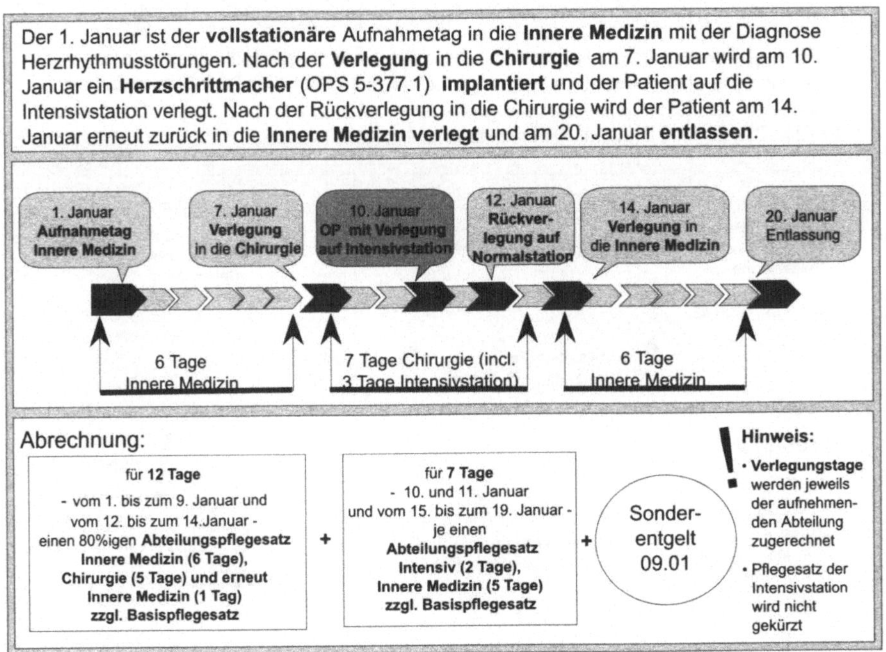

Abbildung 4.18: Kombination von Pflegesätzen und Sonderentgelt

4.3.3 Abteilungspflegesatz plus vor- und nachstationäre Behandlung

Wie bereits erwähnt, hat die vor- und nachstationäre Behandlung Vorrang vor der vollstationären Behandlung. Die vorstationäre Behandlung kann sowohl unabhängig von einer vollstationären Behandlung durchgeführt, als auch mit ihr kombiniert werden. Stellt der behandelnde Krankenhausarzt im Rahmen der vorstationären Behandlung fest, daß eine vollstationäre Behandlung erforderlich ist, und schließt sich diese im Rahmen der angegebenen 5 Tage an, werden alle dem Behandlungsfall zugehörigen vorstationären Leistungen über eine fachabteilungsspezifische Pauschale *pro Fall* (ggf. zzgl. der Vergütung für Großgeräteleistungen) und die vollstationären Leistungen über den entsprechenden Abteilungspflegesatz und den einheitlichen Basispflegesatz abgerechnet.

Die nachstationäre Behandlung schließt sich an einen vollstationären Aufenthalt an und wird *pro Tag* (max. 7 Tage innerhalb von 14 Tagen) mit einer fachabteilungsspezifischen Pauschale, ggf. zzgl. der Vergütung für Großgeräteleistungen, vergütet. In der Abb. 4.19 wird ein Beispiel für eine Kombinationsabrechnung dargestellt.

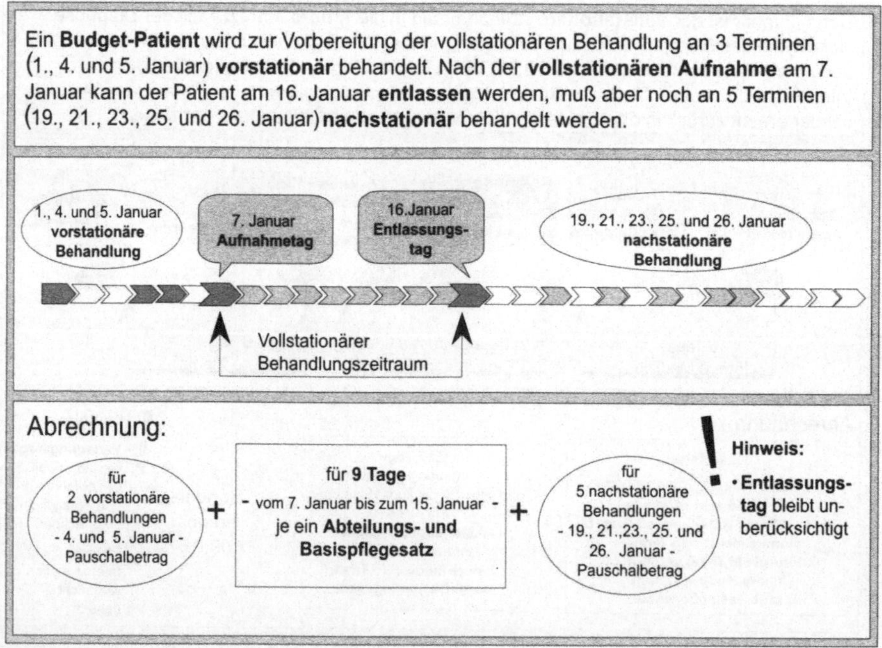

Abbildung 4.19: Kombination von Pflegesätzen und vor-/nachstationären Behandlungen

4.4 Ambulantes Operieren kombiniert mit anderen Entgeltarten

Grundlage der Vergütung bei ambulanten Operationen ist der einheitliche Bewertungsmaßstab (EBM). Das ambulante Operieren beinhaltet prä- und postoperative Leistungen. Präoperative Leistungen sollen Doppeluntersuchungen vermeiden und die ambulante Operation vorbereiten. Die postoperativen Leistungen dienen der Sicherung und Festigung des Behandlungserfolgs. Diese Leistungen sind nach Maßgabe des § 115 a SGB V jedoch nicht in Form der üblichen vor- und nachstationären Behandlung gesondert zu vergüten. Vielmehr lassen sich prä- und postoperative Leistungen grundsätzlich nach dem EBM abrechnen. Allerdings wird die Abrechnung dieser Leistungen gegenwärtig nicht durch alle Finanzierungsträger akzeptiert.

Die Dauer der Behandlung, vom Tag der Operation bis zur vollständigen Genesung, soll 14 Tage nicht überschreiten. Der Krankenhausarzt teilt dem einweisenden Arzt Art und Umfang der Behandlung mit und empfiehlt geeignete Nachsorgemaßnahmen.

In Abb. 4.20 wird ein Beispiel für eine kombinierte Abrechnung von Ambulanter Operation und stationären Engelten aufgezeigt. Dabei wird herausgestellt, daß der Finanzierungsträger mit der Aufnahme des Patienten im Krankenhaus wechselt. Die sich an den stationären Aufenthalt anschließende nachstationäre Behandlung ist als Behandlung im Sinne des § 115 b SBG V in Zusammenhang mit der vollstationären Behandlung zu sehen.

Der Patient wird am 1. Januar **präoperativ untersucht** und im Anschluß am 4. Januar **ambulant operiert**. Im Laufe der folgenden Tage treten **Komplikationen** auf und der Patient muß am 7. Januar **vollstationär aufgenommen** werden. Es schließt sich ein 9 tägiger vollstationärer Krankenhausaufenthalt an. Nach der Entlassung am 16. Januar ist noch eine **nachstationäre Behandlung** am 19. Januar nötig.

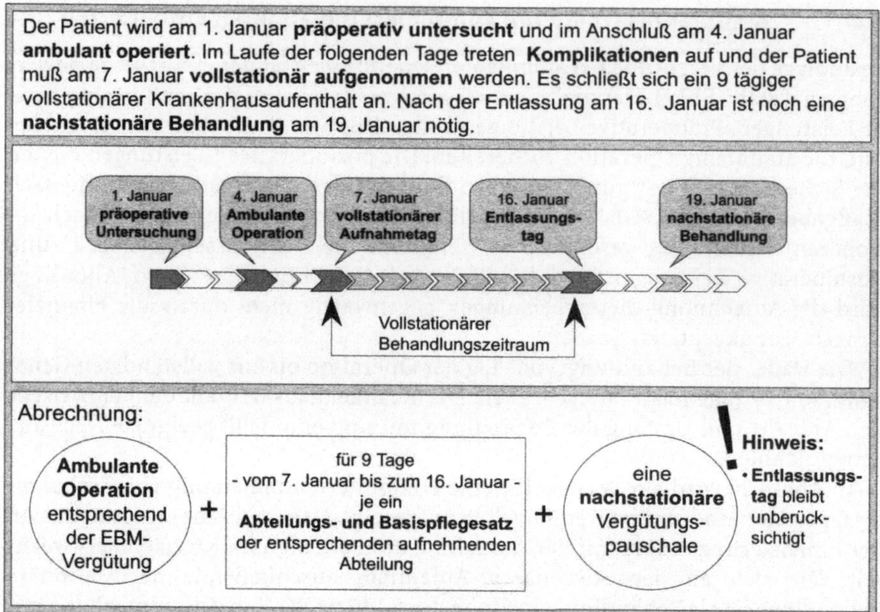

Abbildung 4.20: Kombination von ambulanter und stationärer Behandlung

5 Erläuterungen und Empfehlungen zu ausgewählten abrechnungsrelevanten Problemkomplexen

5.1 Medizinische Fragestellungen zur Abrechenbarkeit von Leistungen

5.1.1 Definition von Haupt und Nebenleistung

Die Abgrenzung von Haupt- und Nebenleistung ist für die Abrechnung von Krankenhausleistungen von herausragender Bedeutung. § 14 Abs. 4 BPflV bestimmt die Hauptleistung in Verbindung mit der Hauptdiagnose oder einer entsprechenden Diagnose. Die Zuordnung von Diagnosen zu Therapien hat der Verordnungsgeber mit der 2. Änderungsverordnung zur BPflV verfügt. Entsprechen Diagnose nach ICD und therapeutische Maßnahme nach OPS-301 der Leistungsbeschreibung der im bundesweiten Katalog für Fallpauschalen und Sonderentgelte genannten Fälle, ist eine Fallpauschale bzw. ein Sonderentgelt abzurechnen. Dabei gilt der Vorrang der Fallpauschale vor einem Sonderentgelt.

Muß sich ein Patient im Laufe seines Krankenhausaufenthalts mehreren Operationen unterziehen, die jeweils als Fallpauschale definiert sind, entscheidet der Arzt am Ende des Krankenhausaufenthalts, welche Leistung in Verbindung mit der Hauptdiagnose die Hauptleistung darstellt. Entscheidend ist die medizinische Relevanz der Maßnahme. Dabei ist die Erkrankung bzw. therapeutische Maßnahme zu berücksichtigen, die maßgeblich den Aufenthalt im Krankenhaus begründet hat. Nur im Zweifel sollte die Hauptleistung über den Aufwand/das Entgelt identifiziert werden.

5.1.2 Bedeutung von Multimorbidität und Alter des Patienten

Multimorbidität bedeutet das gleichzeitige Bestehen von mehreren Krankheiten bei einem Patienten. Diese wird vor allem mit Erkrankungen des Herz-Kreislauf-Systems, Atemwegserkrankungen oder Stoffwechselerkrankungen in Verbindung gebracht. Zu nennen sind in diesem Zusammenhang vor allem die Krankheitsbilder der Herzinsuffizienz und des Hypertonus, des Asthma bronchiale und der chronischen Bronchitis sowie des Diabetes mellitus. Der Anteil der Patienten in Akutkrankenhäusern mit drei und mehr Diagnosen im Zeitraum 1984 – 1993 lag über über 50%. Damit ist Multimorbidität eher die Regel als die Ausnahme (vgl. Abb. 5.1).

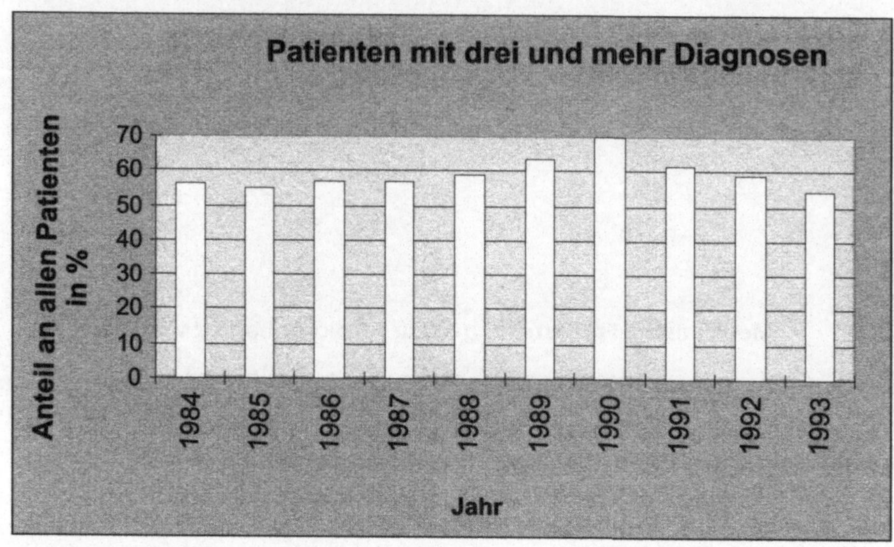

Abbildung 5.1: Patienten mit drei und mehr Diagnosen[1]

Die Nebenerkrankungen haben Einfluß auf einen Krankenhausaufenthalt. Dabei sind zwei Aspekte zu unterscheiden:
1. Medizinische Aspekte:
Bestehende Nebenerkrankungen erfordern, unabhängig von der Hauptdiagnose oder der Hauptleistung, eine entsprechende Begleittherapie, insbesondere zusätzliche Medikationen und die dazugehörenden Kontrolluntersuchungen. In einigen Fällen kann sich der Krankenhausaufenthalt des Patienten verlängern.
2. Ökonomische Aspekte:
Begleittherapien verursachen zusätzliche Kosten. Es handelt sich zum einen um Kosten der zusätzlichen Diagnostik und Therapie und zum anderen um zusätzliche Kosten für die Unterbringung und Verpflegung, sofern sich der Krankenhausaufenthalt verlängert.

Aus Untersuchungen ist bekannt, daß das Auftreten von Multimorbidität positiv mit dem Alter eines Patienten korreliert. Aufgrund der o.g. medizinischen und ökonomischen Auswirkungen der beiden Faktoren auf die Kosten der Krankenhausbehandlung wird in der Praxis häufig die patientenindividuelle Abrechnung

---

[1] Quelle: Infratest Gesundheitsforschung; Patientenstruktur im Krankenhaus 1982 und 1993 in: Zahlen, Daten, Fakten 94/95, S. 75; DKB Düsseldorf, Dezember 1994

entsprechend des Aufwands präferiert. Hierzu ist grundsätzlich anzumerken, daß mit Multimorbidität und/oder Alter eines Patienten eine andere Hauptleistung/Hauptdiagnose und damit eine andere Abrechnung nicht begründet werden kann.

Das Risiko der Multimorbidität wurde bei der Kalkulation der Fallpauschalen berücksichtigt. Auch das Alter der Patienten wurde bei der Auswahl der zu kalkulierenden Patienten beachtet; das Durchschnittsalter der Patienten wird im Forschungsbericht zur Modellkalkulation explizit ausgewiesen. Die Fallpauschalenkalkulation ist eine Durchschnittskalkulation aus einem Patientenmix. Für besonders schwere Fälle, z. B. Langlieger aufgrund von Nebenerkrankungen oder Komplikationen, wurde darüber hinaus mit der Grenzverweildauer eine Ausreißerregelung geschaffen, um wirtschaftliche Auswirkungen auf die Krankenhäuser zu begrenzen.

Der Grundsatz der Vorrangigkeit der Fallpauschale vor Sonderentgelten und tagesgleichen Pflegesätzen hat somit auch bei Existenz von Multimorbidiät und/oder hohem Alter Bestand.

5.1.3 Bedeutung der Versorgungsstufe bzw. des Versorgungsauftrags

Die Versorgungsstufe ergibt sich aus dem Krankenhausplan und klassifiziert das Krankenhaus hinsichtlich seiner medizinischen Leistungsfähigkeit. Der Versorgungsauftrag leitet sich unmittelbar aus der Versorgungsstufe ab. Er stellt auf eine Sicherstellung der medizinischen Versorgung einer Region ab.

Der Versorgungsstufe und dem Versorgungsauftrag kommt hinsichtlich der Abrechenbarkeit von konkreten Krankenhausleistungen eine hohe Bedeutung zu. Fallpauschalen und Sonderentgelte, die nicht dem Versorgungsauftrag/der Versorgungsstufe entsprechen, dürfen nicht berechnet werden (vgl. auch § 14 Abs. 1 BPflV). Damit sollen folgende Ziele erreicht werden:
1. Gewährleistung von hohen Qualitätsstandards durch Schwerpunktbildung und fachliche Qualifikation innerhalb der Krankenhäuser.
2. Kostenminimierung bedingt durch Lern- und Spezialisierungseffekte bei der Erbringung hoher Fallzahlen.

Wenn ein Krankenhaus Leistungen außerhalb der Versorgungsstufe/des Versorgungsauftrags erbringen möchte, sind diese in den Pflegesatzverhandlungen mit den Krankenkassen zur Vereinbarung des prospektiven Budgets abzustimmen.

Diese Regelung gilt nicht bei Notfällen. Ein Notfall liegt vor, wenn ein Behandlungsaufschub zu einer Verschlechterung des Gesundheitszustands des Patienten führen würde, z. B. bei einem schweren Verkehrsunfall oder einem Herzinfarkt.

Der Notfallbehandlung kommt insofern eine besondere Bedeutung bei den Vergütungsformen zu, weil sie unabhängig von der Versorgungsstufe und dem

Versorgungsauftrag eines Krankenhauses immer honoriert wird (vgl. § 14 Abs.1 Satz 3 BPflV).

5.1.4   Bedeutung der leistungserbringenden Fachabteilung

Die Systematik der Fallpauschalen ist nicht fachgebietsbezogen, sondern nach Organen und Organsystemen geordnet. Die Möglichkeit, daß bestimmte operative Leistungen dementsprechend von verschiedenen Fachabteilungen – auch innerhalb eines Krankenhauses – erbracht werden, ist zunächst für die Abrechnung von nachrangiger Bedeutung.

Aus Sicht des Krankenhausmanagements stellt sich die Frage nach der Höhe des Deckungsbeitrags einer Fallpauschale bzw. eines Sonderentgelts, der in den einzelnen Fachabteilungen sehr unterschiedlich sein kann. Aus betriebswirtschaftlicher Sicht kann es daher sinnvoll sein, zwischen den einzelnen Abteilungen eine entsprechende Leistungsabgrenzung vorzunehmen.

5.2   Regelungen zur Verlegung von Patienten

Die möglichen abrechnungsrelevanten Fragen, die sich aus der Verlegung eines Patienten in eine andere Fachabteilung desselben Krankenhauses oder in ein anderes Krankenhaus ergeben, sind in der jeweils zugrundeliegenden Entgeltform begründet. Handelt es sich um einen Budgetpatienten, der verlegt wird, ist die Abrechnung eindeutig. In diesem Fall sind tagesgleiche Pflegesätze in Höhe der entsprechenden Abteilungspflegesätze der behandelnden Abteilungen und der einheitliche Basispflegesatz pro Berechnungstag abzurechnen. Den Abteilungspflegesatz für den Verlegungstag stellt die aufnehmende Abteilung desselben bzw. die Abteilung des aufnehmenden Krankenhauses in Rechnung (§ 14 Abs. 2 Satz 2 BPflV).

5.2.1   Interne Verlegung von Fallpauschalen-Patienten

Der Fall der internen Verlegung tritt häufig zwischen konservativen und operativen Fachabteilungen auf. Diese Problematik kann jedoch im Einzelfall im Rahmen der vorstationären Behandlung eliminiert werden. Dem aufnehmenden Krankenhausarzt kommt die Aufgabe zu, im Rahmen einer eingehenden Untersuchung eine eindeutige Diagnose zu stellen und den Patienten der zuständigen Fachabteilung zu überstellen.

Beispiel: Ein Patient liegt zur diagnostischen Abklärung in der „Inneren Medizin", bevor eine Indikation zur Operation gestellt ist. Für die Hauptleistung „Operation" wird die Fallpauschale 12.01 abgerechnet. Eine zusätzliche Berechnung von Abteilungspflegesatz und Basispflegesatz für die ersten Tage des Krankenhausaufenthalts ist neben der Fallpauschale nicht möglich; diese vergütet grundsätzlich den gesamten Behandlungsfall (vgl. § 18 Abs. 2a Satz 3 KHG und § 11 Abs. 1 BPflV). Bei Überschreiten der Grenzverweildauer können jedoch zusätzlich tagesgleiche Pflegesätze abgerechnet werden (Tuschen/Quaas, 2. Auflage, S. 291).

5.2.2 Leistungserbringung durch zwei Akutkrankenhäuser

5.2.2.1 Grundsätzliche Regelung

Werden Fallpauschalen-Patienten durch zwei Akutkrankenhäuser versorgt, muß eine differenzierte Betrachtung erfolgen. Hier stehen zwei Fragen im Mittelpunkt.
1. Wurde die Hauptleistung vor oder nach der Verlegung erbracht?
2. Besteht eine Kooperation mit dem aufnehmenden Haus?

Für eine Kooperation ist es nicht erforderlich, daß ein schriftlicher Kooperationsvertrag existiert. Entscheidend für das Vorliegen einer Kooperation ist, ob eine Verlegung von Patienten regelmäßig stattfindet. Zwar ist nicht genau definiert, was unter dem Begriff „regelmäßig" zu verstehen ist; es ist aber davon auszugehen, daß pro Fachgebiet ab einer Anzahl von 15-20 verlegten Patienten pro Jahr (so z.B. ein landesspezifischer Beschluß durch die Selbstverwaltungsorgane) in ein und dasselbe Krankenhaus eine faktische Kooperation vorliegt.

Die nachfolgende Abb. 5.2 gibt einen Überblick über die Abrechnungsverfahren bei Verlegung von Fallpauschalen-Patienten.

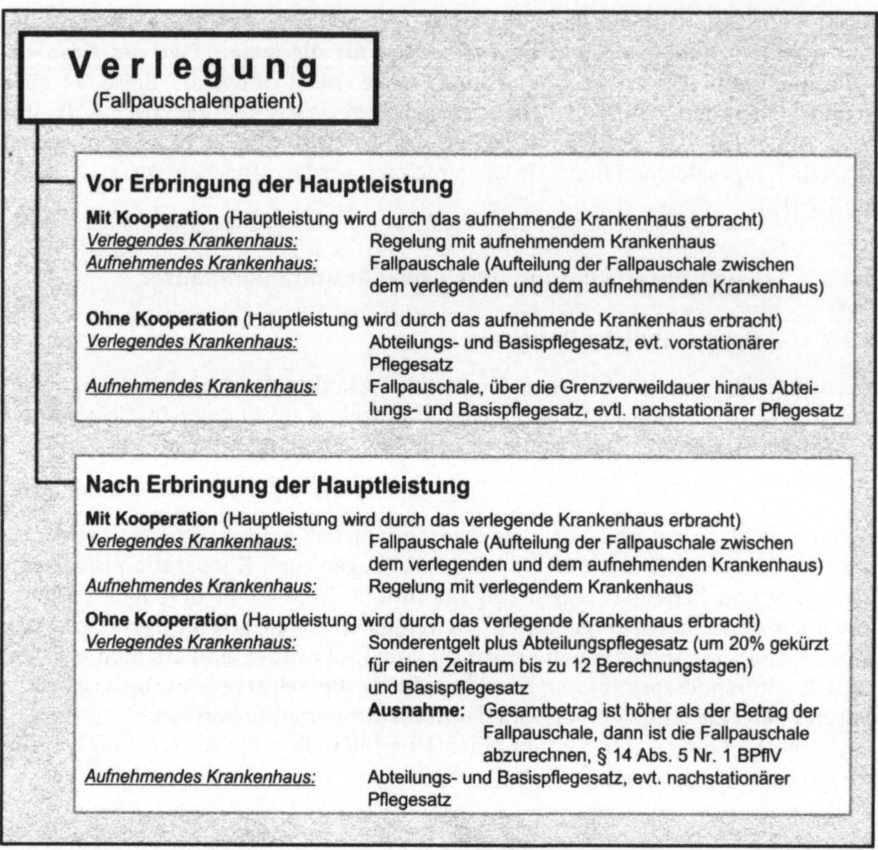

Abbildung 5.2: Externe Verlegung von Fallpauschalenpatienten

Fallpauschalen, die im Rahmen von Kooperationen erbracht werden, sind – wie in Abb. 5.3 dargestellt – grundsätzlich zwischen dem verlegenden und dem aufnehmenden Krankenhaus zu teilen (vgl. § 14 Abs. 5 BPflV). Wird die operative Hauptleistung durch eine Belegabteilung durchgeführt und findet die Weiterbehandlung in einer Hauptabteilung statt, kann dementsprechend nur eine Fallpauschale für die belegärztliche Versorgung abgerechnet werden. Die Abrechnung der Fallpauschale mit den Finanzierungsträgern wird durch das Krankenhaus vorgenommen, welches die operative Hauptleistung erbracht hat. Dieses Krankenhaus hat dem kooperierenden Krankenhaus einen anteiligen Betrag der Fallpauschalen-Vergütung zur Deckung der Behandlungskosten zu überweisen.

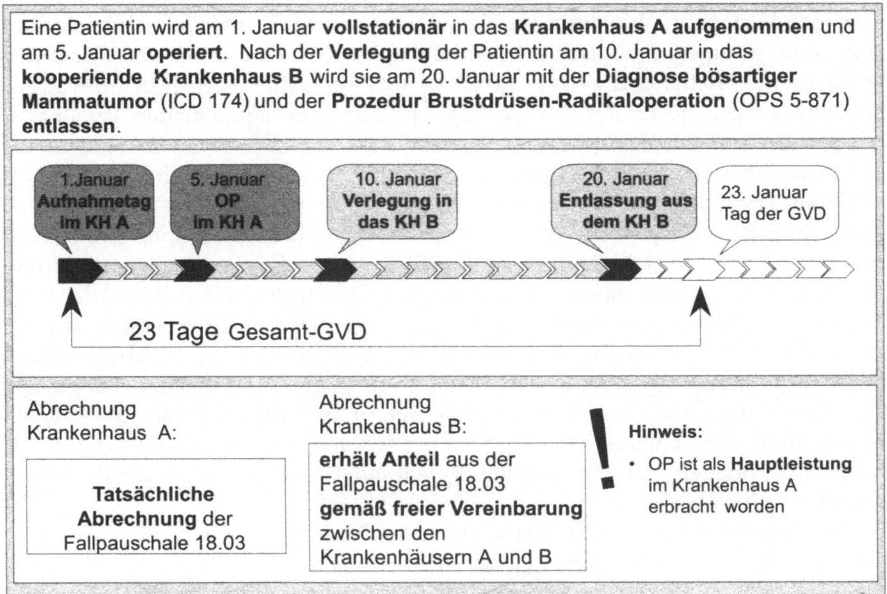

Abbildung 5.3: Aufteilung der Fallpauschale bei Kooperation

Kommt eine Einigung über die Aufteilung der Fallpauschale nicht zustande, hat das abrechnende Krankenhaus an das kooperierende Krankenhaus den Betrag nach § 14 Abs. 5 Satz 4 und 5 (entsprechend dem fortgeschriebenen Wert auf der Basis einer Punktzahl von 260 Punkten) für die Anzahl von Tagen abzugeben, die sich vom Verlegungstag bis zum aufgerundeten Mittelwert aus Grenzverweildauer und der empirischen Verweildauer, die der Fallpauschalenkalkulation zugrunde gelegt wurde (siehe bundesweiter Fallpauschalenkatalog für Krankenhäuser), ergibt. Die Höhe dieser Forderung ist unabhängig von der tatsächlichen Verweildauer in Krankenhaus B.

Beispiel:

Wurde keine Vereinbarung getroffen, errechnet sich die Forderung des Krankenhauses B gegenüber dem Krankenhaus A folgendermaßen (siehe Beispiel aus Abb. 5.3):

Aus der Grenzverweildauer der Fallpauschale 18.03 von 23 Tagen und der zugrunde gelegten Durchschnittsverweildauer von 13,51 Tagen errechnet sich ein arithmetischer Mittelwert von 18,255 Tagen. Dies ergibt aufgerundet einen Wert von 19 Tagen. Das Krankenhaus B hat demnach einen Anspruch von 10 Berechnungstagen gegenüber Krankenhaus A für die Dauer vom 10. Behandlungstag

(Tag der Verlegung) bis zum 19. Tag (Mittelwert aus Grenzverweildauer und zugrunde gelegter Durchschnittsverweildauer). Ab Erreichen der Grenzverweildauer (23. Behandlungstag) begründet sich ein weiterer Anspruch des Krankenhauses B gegenüber der Krankenkasse in Höhe des tagesgleichen Abteilungspflegesatzes und des Basispflegesatzes.

Klärungsbedarf besteht hingegen bei Verlegung ohne Kooperation. Grundsätzlich muß das verlegende Krankenhaus eine Abrechnung über den Abteilungspflegesatz und Basispflegesatz vornehmen, wenn die operative Hauptleistung nicht erbracht wurde (vgl. § 14 Abs. 5 Satz 2 BPflV). Wurde dagegen die Hauptleistung erbracht, ist zusätzlich das entsprechende Sonderentgelt abrechenbar. Allerdings ist die Abrechnung von Sonderentgelt und tagesgleichen Pflegesätzen auf die Höhe der korrespondierenden Fallpauschale begrenzt (vgl. § 14 Abs. 5 Satz 1 BPflV; sog. „Kappungsgrenze"). Falls die Summe der tagesgleichen Pflegesätze zusammen mit dem Sonderentgelt den Betrag der Fallpauschale übersteigen würde, muß die Fallpauschale abgerechnet werden. Erst ab Überschreiten der Grenzverweildauer können zusätzlich tagesgleiche Pflegesätze in Rechnung gestellt werden.

Für das aufnehmende Krankenhaus ist der Verlegungstatbestand von keiner Relevanz. Es rechnet in Abhängigkeit der erbrachten Leistungen eine Fallpauschale – falls es die Hauptleistung erbringt – oder Abteilungspflegessatz und Basispflegesatz ab (vgl. Abb. 5.4).

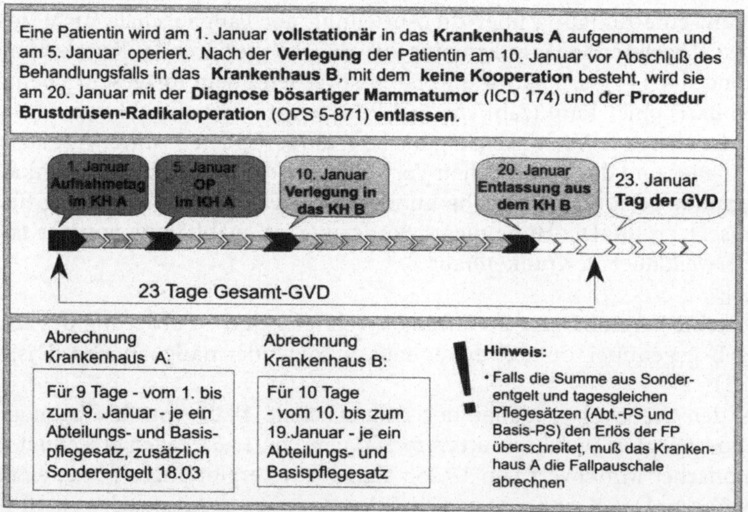

Abbildung 5.4: Abrechnung bei Verlegung ohne Zusammenarbeit

5.2.2.2 Empfehlungen zur Aufteilung einer Fallpauschale bei kooperativer Leistungserbringung

Für die Krankenhäuser, die im Rahmen von Kooperationen Fallpauschalenpatienten versorgen, stellt sich das Problem der Aufteilung der Fallpauschalenvergütung. Die Aufteilung der Fallpauschale wird nur dann durch den Gesetzgeber ihrer Höhe nach geregelt, wenn keine Einigung zwischen den kooperierenden Krankenhäusern zustande kommt. Dies gilt grundsätzlich auch für die Teilfallpauschalen der Gruppe 9 (Herzchirurgie) und 17 (Unfallchirurgie/Orthopädie), sofern die Verlegung vor oder nach den in der (Teil-)Fallpauschalendefinition benannten Teilungskriterien erfolgt. Die betroffenen Krankenhäuser vereinbaren eine individuelle Aufteilung im Verhandlungsprozeß (vgl. § 14 Abs. 5 BPflV). In der Leistungs- und Kalkulationsaufstellung sind die anteiligen Erlöse im Falle des Erlösabzugs (vgl. § 12 Abs. 2 BPflV) auszuweisen.

Eine sachgerechte Aufteilung der Fallpauschale zwischen aufnehmendem und verlegendem Haus ist im Einzelfall schwierig. Dies hat im wesentlichen vier Ursachen:

- Aufteilung der Fallpauschale ist eine Nullsummenspiel, da zusätzliche Erlöse des einen Krankenhauses in voller Höhe zu Lasten des anderen Krankenhauses gehen.
- Bestimmung des medizinischen Behandlungsfortschritts (Vorleistung der erstbehandelnden Klinik) zum Verlegungszeitpunkt ist schwierig.
- Bestimmung des weiteren Behandlungsaufwands ist im Einzelfall zum Verlegungszeitpunkt nicht absehbar.
- aufnehmende Klinik könnte befürchten, daß sie überwiegend Langlieger erhält (Selektion).

Nachfolgend werden die Auswirkungen einer Kooperation an einem konkreten Modell erläutert. In diesem Modell ist die erstbehandelnde Klinik eine Klinik für Herz-Thorax- und Gefäßchirurgie, das aufnehmende Krankenhaus ein Haus der Schwerpunktversorgung mit einer großen internistischen Fachabteilung. Zur Veranschaulichung der Problematik wird aus Vereinfachungsgründen hier die Aufteilung am Beispiel der Akutbehandlungspauschale dargestellt.

Auswirkungen auf die zu erwartenden Erlöse:

In Abbildung 5.5 sind die Budgets der beiden Fachabteilungen vor einer Kooperation dargestellt. In der Kardiochirurgie setzt sich der Erlösanteil aus der Behandlung der Verlegungspatienten aus Sonderentgelten und tagesgleichen Pflegesätzen zusammen. In der Inneren Medizin bestehen die Erlöse aus der Behandlung der aufgenommenen Patienten ausschließlich aus tagesgleichen Pflegesätzen.

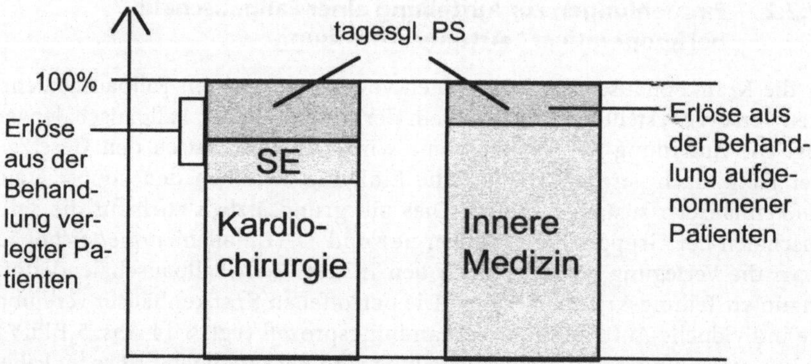

Abbildung 5.5: Ausgangssituation des Budgets vor einer Kooperation

Wird zwischen der Kardiochirurgie und der Inneren Medizin nun eine Kooperationsvereinbarung geschlossen oder liegt eine Kooperation faktisch vor, so muß die Kardiochirurgie die Fallpauschale abrechnen, während der Inneren Medizin für die Weiterbehandlung ein Teil der Fallpauschale zusteht. Die Budgetauswirkung im Falle einer Kooperation zwischen den beiden Häusern ist in Abbildung 5.6 illustriert.

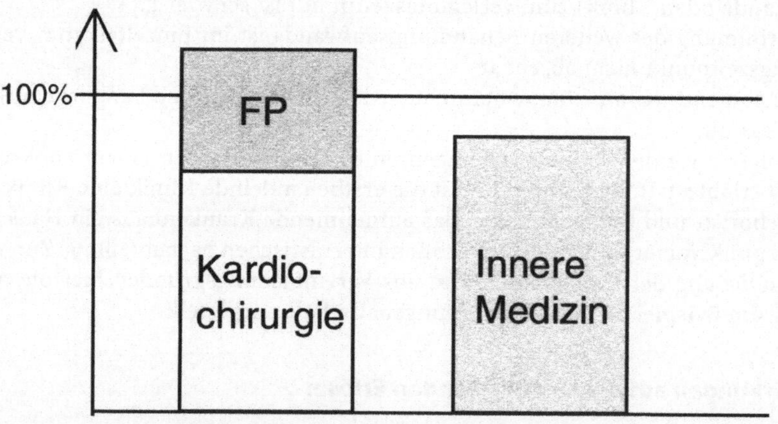

Abbildung 5.6: Situation im Falle einer Kooperationsvereinbarung vor einer Transferzahlung zwischen den beiden Häusern

Durch die Abrechnung der gesamten Fallpauschale werden sich zunächst die Erlöse der Herzchirurgie erhöhen. Das Ausmaß der Erhöhung hängt davon ab, wie stark die bisherigen Erlöse aus Sonderentgelten und tagesgleichen Pflegesätzen unterhalb der Fallpauschale liegen[2]. Als Faustregel gilt: Je früher die Patienten verlegt werden, d.h. je kürzer die Verweildauer in der Herzchirurgie ist, desto höher werden die Mehrerlöse durch Abrechnung der kompletten Fallpauschale ausfallen. Ähnliches gilt für die Höhe des Abteilungs- und Basispflegesatzes der Herzchirurgie: je niedriger Abteilungs- und Basispflegesatz der Herzchirurgie sind, desto höher werden die Mehrerlöse durch Abrechnung der kompletten Fallpauschale ausfallen. Unveränderte Erlöse sind nur im Ausnahmefall zu erwarten. Mindererlöse in der Herzchirurgie gegenüber der Situation ohne Kooperationsvereinbarung scheiden aus, da die Erlöse aus Sonderentgelt und tagesgleichen Pflegesätzen die Höhe der Fallpauschale nicht überschreiten dürfen (vgl. § 14 Abs. 5 BPflV).

In der Inneren Medizin kommt es in jedem Fall zu Mindererlösen aufgrund der nicht abrechenbaren Pflegetage der aufgenommenen Fallpauschalenpatienten.

Es stellt sich also die Frage nach der Höhe der Transferzahlung zwischen den Kooperationspartnern.

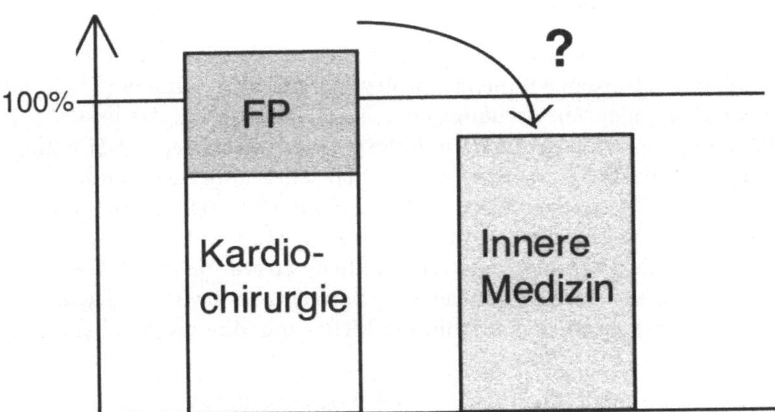

Abbildung 5.7: Transferzahlung zwischen den Kooperationspartnern

---

[2] § 14 Abs. 5 Nr. 1 BPflV bestimmt, daß bei externer Verlegung eines Patienten die Erlöse des verlegenden Hauses aus Sonderentgelt und tagesgleichen Pflegesätzen auf die Höhe des Erlöses der korrespondierenden Fallpauschale begrenzt werden (sog. Kappungsgrenze). Diese Kappungsgrenze soll bewirken, daß der Anreiz zur Abrechnung des Sonderentgeltes vermindert wird.

Grundsätzlich wird die aufnehmende Fachabteilung für Innere Medizin Forderungen mindestens in Höhe der fehlenden Erlöse geltend machen, während die verlegende Fachabteilung für Kardiochirurgie Transferzahlungen höchstens in Höhe der Mehrerlöse abzugeben bereit ist.

Der Verlauf der freien Verhandlungen zwischen den Kooperationspartnern über die Aufteilung der Fallpauschale hängt daher davon ab, inwieweit die Mehrerlöse die Mindererlöse ausgleichen können. Grundsätzlich können 3 Fälle unterschieden werden:

Fall 1:   Der Betrag der Mehrerlöse entspricht dem Betrag der Mindererlöse

Fall 2:   Der Betrag der Mehrerlöse unterschreitet den Betrag der Mindererlöse

Fall 3:   Der Betrag der Mehrerlöse überschreitet den Betrag der Mindererlöse

Während in den Fällen 1 und 3 ein Interessenausgleich möglich ist, ist dieser im Fall 2 nicht möglich. Die Vertragsverhandlungen werden entscheidend vom Informationsstand über die Budgetauswirkungen einer Kooperation zwischen den Verhandlungspartnern bestimmt.

Aufteilung der Fallpauschale zwischen aufnehmendem und verlegendem Krankenhaus

Falls die Informationen über die Budgetauswirkungen in den Verhandlungen nicht ausgetauscht werden, können keine generellen Empfehlungen zur Aufteilung gegeben werden. Jeder Verhandlungspartner wird versuchen, das beste Ergebnis zu verhandeln. Da jeder der Verhandlungspartner aber über die Situation des anderen im Ungewissen ist, wird er ein für sich selbst unbefriedigendes Ergebnis kaum akzeptieren. Deshalb wird es im Fall 2 (Betrag der Mehrerlöse unterschreitet den Betrag der Mindererlöse) ohne den Austausch der Informationen über die tatsächliche Situation kaum eine einvernehmliche Lösung geben können.

Aus diesem Grund wird in der weiteren Betrachtung davon ausgegangen, daß beiden Verhandlungspartnern die Höhe der Mehr- und Mindererlöse bekannt sind.

Empfehlung zu Fall 1:
Durch Transferzahlungen in Höhe der Mehrerlöse können die Mindererlöse voll ausgeglichen werden. Beide Vertragspartner erreichen in diesem Fall das Ausgangsbudget vor der Kooperationsvereinbarung.

Empfehlung zu Fall 2:
Da die Mehrerlöse nicht ausreichen, die Mindererlöse in voller Höhe zu decken, entsteht ein Fehlbetrag F, der zwischen den Verhandlungspartnern aufgeteilt werden muß. Eine hälftige Zuweisung des Fehlbetrags auf beide Kooperationspartner erscheint wenig zweckmäßig, da das aufnehmende Krankenhaus in aller Regel

nur einen geringen Teil aus der Fallpauschale beansprucht. Dadurch würde das aufnehmende Krankenhaus überproportional belastet. Als bessere Lösung bietet sich eine Aufteilung an, die sich nach der Höhe der Erlöse aus der Behandlung der Fallpauschalenpatienten bemißt. Dabei werden die Erlöse vor Abschluß einer Kooperationsvereinbarung betrachtet.

Diese Erlöse (in DM) aus der Behandlung von Verlegungspatienten vor Abschluß einer Kooperationsvereinbarung werden im folgenden dargestellt.

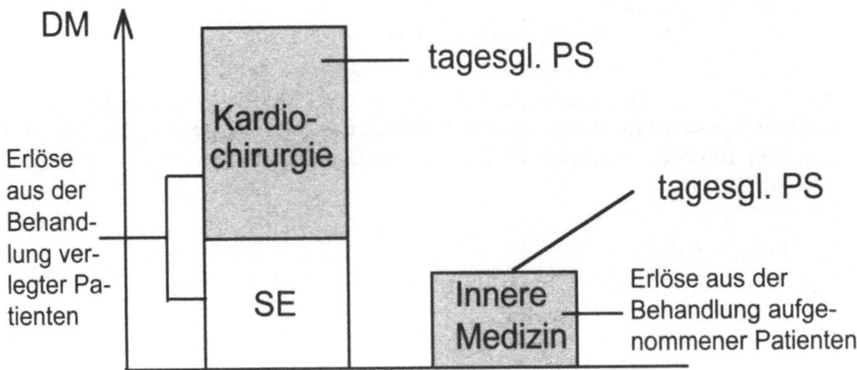

Abbildung 5.8: Erlöse (in DM) aus Verlegungspatienten vor Abschluß einer Kooperationsvereinbarung

Wie in Abbildung 5.8 ersichtlich, übersteigen die Erlöse aus Sonderentelten und Abteilungsgpflegesätzen der Herzchirurgie die Erlöse der Inneren Medizin erheblich. Der Fehlbetrag F soll nun proportional zu den absoluten Erlösbeträgen aus der Behandlung der Verlegungspatienten aufgeteilt werden. Da die OP-Leistung eine abgeschlossene Leistungseinheit darstellt, die vollständig von der Herzchirurgie erbracht wurde, wird der Sonderentgeltanteil aus den Erlösen der Herzchirurgie zum Zwecke der Aufteilung des Fehlbetrags F_{gesamt} ausgegliedert.

Das zu lösende Gleichungssystem lautet:

(Gleichung 1) $\qquad F_{HCH}/F_{Innere} = (\text{Teilbudget}_{HCH} - SE\text{-Erlös}) / \text{Teilbudget}_{Innere}$

und

(Gleichung 2) $\qquad F_{gesamt} = F_{HCH} + F_{Innere}$

Gleichung 1 bestimmt, in welchem Verhältnis der gesamte Fehlbetrag F aufgeteilt wird. Gleichung 2 besagt, daß der gesamte Fehlbetrag auf die beiden Kooperationspartner aufgeteilt wird.

Beispiel:
Der gesamt Fehlbetrag F belaufe sich auf DM 120.000,–.
Die Herzchirurgie erziele vor der Kooperation Erlöse in Höhe von DM 2.000.000,– (Teilbudget$_{HCH}$) aus der Behandlung von Verlegungspatienten. In diesem Betrag sind SE-Erlöse in Höhe von DM 900.000,– enthalten. Die Innere Medizin habe vor der Kooperation Erlöse in Höhe von DM 220.000,– (Teilbudget$_{Innere}$) aus der Weiterbehandlung von aus der Herzchirurgie aufgenommenen Patienten erzielt.
Aus Gleichung 1 folgt:
$F_{HCH}/F_{Innere} = (2.000.000 - 900.000) / 220.000 = 5 / 1$
Danach ergibt sich eine empfohlene Aufteilung des Fehlbetrages im Verhältnis 5:1 zwischen der Herzchirurgie und der Inneren Medizin. Nach Aufteilung des Fehlbetrages entfällt daher auf die Herzchirurgie ein Fehlbetrag F_{HCH} in Höhe von DM 100.000,– und auf die Innere Medizin eine Fehlbetrag F_{innere} in Höhe von DM 20.000,–.

Empfehlung zu Fall 3:
Für die Aufteilung des Überschusses sollten konsequenterweise die gleichen Überlegungen wie in Fall 2 gelten.

5.2.3 Leistungserbringung durch ein Akutkrankenhaus und eine Rehabilitationseinrichtung

Bei einigen Fallpauschalenleistungen schließt sich an die Behandlung des Patienten eine Rehabilitation an. Dies gilt insbesondere für unfallchirurgisch/orthopädisch behandelte Patienten, für die Leistungen der Herzchirurgie sowie der Transplantationsmedizin. Es wird vereinzelt angefragt, inwieweit eine Vergütung der Rehabilitationsleistungen aus der Fallpauschale zu erfolgen hat. Dazu ist zunächst eine begriffliche Klärung vorzunehmen.

§ 107 Abs. 1 SGB V bestimmt den Begriff des Krankenhauses näher. Danach führen diese Krankenhausbehandlungen im Rahmen des § 39 SGB V durch bzw. dienen der Geburtshilfe und stellen die Unterbringung und Verpflegung der Patienten sicher. Sie stehen fachlich-medizinisch unter ständiger ärztlicher Leitung und können jederzeit ärztliche und pflegerische Leistungen erbringen.

Rehabilitationseinrichtungen nach § 107 Abs. 2 SGB V haben andere Aufgaben. Sie führen Vorsorge- und Rehabilitationsbehandlungen gemäß § 40 SGB V durch, stehen unter ständiger ärztlicher Verantwortung (Krankenhäuser unter ständiger ärztlicher Leitung) und führen unter Mitwirkung von geschultem Personal nichtärztliche Leistungen nach einem ärztlichen Behandlungsplan durch. Die eigentliche Behandlung führen Krankengymnasten, Sprach-, Bewegungs-,

Arbeits- und Beschäftigungstherapeuten durch. Rehabilitation muß nicht mit einem stationären Aufenthalt in einer entsprechenden Einrichtung verbunden sein, sondern kann nach § 40 Abs. 1 SGB V auch ambulant erfolgen (sog. Anschlußheilbehandlung). In jedem Fall muß ein Versorgungsvertrag gemäß § 111 SGB V, vergleichbar dem Versorgungsvertrag der Krankenhäuser, mit den Sozialversicherungsträgern geschlossen sein.

Akutbehandlungen und Rehabilitationsmaßnahmen lassen sich nicht immer klar trennen. Hier mangelt es an exakten medizinischen Abgrenzungskriterien. Die Kosten einer Akutbehandlung sind pflegesatzfähige Kosten und demnach über Pflegesätze zur vergüten, während die Rehabilitationsmaßnahmen zu Lasten der Bundesversicherungsanstalt für Angestellte bzw. der Landesversicherungsanstalten für Arbeiter oder der Berufsgenossenschaften gehen bzw. subsidiär auch durch die Krankenkassen vergütet werden.

Aus den obigen Erläuterungen zu den Aufgaben von Akutkrankenhäusern und Rehabilitationseinrichtungen sowie deren Finanzierung folgt, daß – wie in Abb. 5.9 dargestellt – die Fallpauschale bei Verlegung in eine Rehabilitationseinrichtung nicht zu teilen ist.

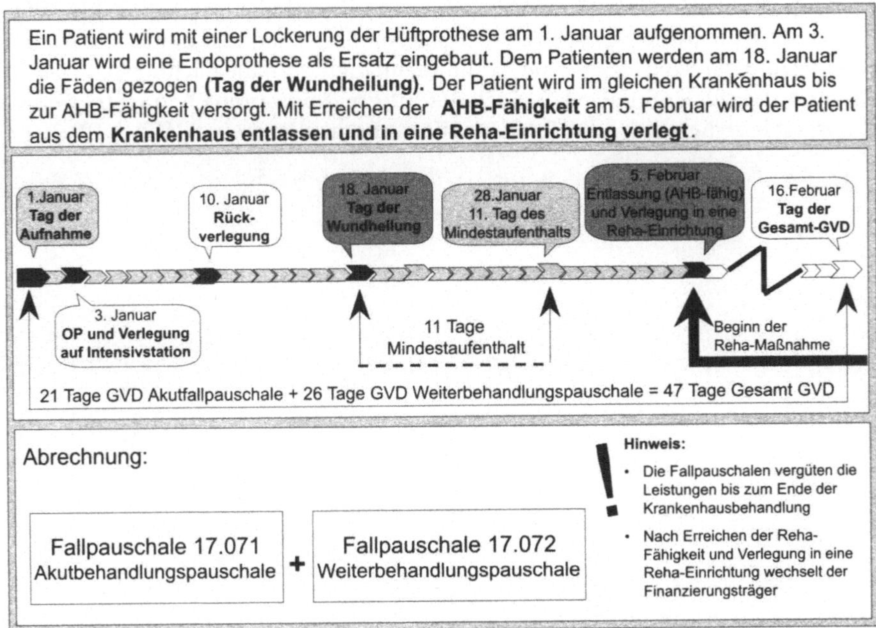

Abbildung 5.9: Finanzierungsträger innerhalb einer Behandlungskette

5.3 Organisatorische Anforderungen zur Abrechnung von Krankenhausleistungen

5.3.1 Allgemeines

Voraussetzung zur Abrechnung ist die Dokumentation der erbrachten Leistung. Damit erfordern die neuen Entgeltformen eine zeitnahe und vollständige Leistungserfassung in allen Bereichen des Krankenhauses. Die Mitarbeiter der Krankenhausbereiche Verwaltung, Ärztlicher Dienst, Pflegedienst, Funktionsdienst und Versorgungsdienst müssen verstärkt zusammenarbeiten, frühzeitig auf die Notwendigkeit der Leistungserfassung hingewiesen und entsprechend geschult werden. Dabei kommt es darauf an, daß so wenig wie möglich, aber soviel wie nötig dokumentiert wird. Insbesondere redundante Erfassungen müssen vermieden werden.

Künftig muß eine prospektive Leistungsplanung durch die Fachabteilungen erfolgen. Dies kann auf Grundlage retrospektiver oder begleitender Leistungserfassung geschehen. Langfristig muß erreicht werden, daß eine Kostenträgerrechnung aufgebaut wird und somit die erbrachten Leistungen verursachungsgerecht zugeordnet werden. Jeder Bereich innerhalb des Krankenhauses ist über eine Vielzahl von Informationskanälen mit den übrigen Bereichen verknüpft.

Aufgrund der Komplexität der Zusammenhänge kann die nachfolgende Grafik nur als ein stark vereinfachtes Modell der Informationsströme betrachtet werden und dient lediglich dazu, das Problem zu veranschaulichen (vgl. Abb. 5.10).

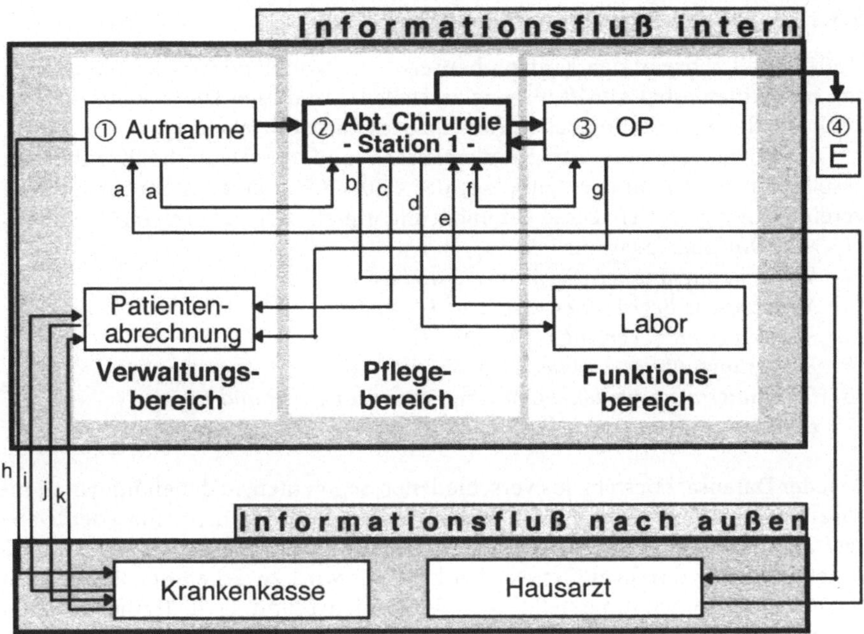

Abbildung 5.10: Informationsfluß (Vereinfachte Darstellung am Beispiel Appendektomie)

Weg des Patienten innerhalb des Krankenhauses:

① Patient wird stationär aufgenommen.

② Die Station versorgt den Patienten im Rahmen der allgemeinen Krankenhausleistungen. Weiter koordiniert die Station alle notwendigen Maßnahmen zur Diagnostik, Anästhesie und Operation.

③ Erbringung der Hauptleistung.

④ Patient wird nach Abschluß der Behandlung nach Hause entlassen.

Wege der Formulare, Belege und Krankenunterlagen:

a) Überweisung des Hausarztes an das Krankenhaus mit Angabe der Einweisungsdiagnose. Anlegen einer Krankenakte für den aktuellen Krankenhausaufenthalt und Weiterleitung an die aufnehmende Station.

b) Mitteilung an den Hausarzt über die Art der Therapie.

c) Die Station teilt der Patientenverwaltung Veränderungen in der Patientenbelegung mit (Aufnahmen, Entlassungen, Verlegungen, Todesfälle).

d) Anforderung von prä- und postoperativen Leistungen.

e) Übermittlung der Untersuchungsergebnisse an die Station.

f) Krankenunterlagen pendeln mit dem Patienten zusammen zwischen OP und Station.

g) Der Operateur definiert die Operation mittels OPS-Schlüssel.

h) Die Patientenaufnahme fordert bei der Krankenkasse unter Angabe der Aufnahmediagnose eine Kostenübernahmeerklärung an.

i) Die Krankenkasse erteilt eine befristete oder unbefristete Kostendeckungszusage nach Prüfung des Versicherungsverhältnisses.

j) Die Patientenabrechnung teilt der Krankenkasse unter Angabe der Entlassungsdiagnose und der Hauptleistung sowie weiterer durch § 301 SGB V definierter Angaben die Entlassung des Patienten mit.

k) Leistungsvergütung durch die Krankenkasse.

5.3.2   Dokumentation nach § 301 SGB V

§ 301 SGB V schreibt den Krankenhäusern vor, Patientendaten den Krankenkassen maschinenlesbar zur Verfügung zu stellen. Mit diesen Daten kann die Krankenkasse die Abrechnung des Krankenhauses nachvollziehen.

Die Spitzenverbände der Krankenkassen und die Deutsche Krankenhausgesellschaft haben auf der Grundlage des § 301 SGB V eine Datenübermittlungsvereinbarung getroffen. Diese Vereinbarung umfaßt folgende Datensätze:

(1) Aufnahmesatz (Segment 1-5)
(2) Verlängerungsanzeige (Segment 1-3 und 6-7)
(3) Medizinische Begründung (Segment 1-3 und 8)
(4) Rechnungssatz (Segment 1-3 und 9-12)
(5) Entlassungsanzeige (Segment 1-3, 6 und13-16)
(6) Rechnungssatz ambulante Operation (Segment 1-3, 9 und 17-20)
(7) Fehlersatz

Jeder Datensatz besteht aus verschiedenen Segmenten, in denen Informationen zusammengefaßt werden. Im folgenden werden diese Segmente für jeden Datensatz erläutert. Zusätzlich wird tabellarisch aufgeführt, wie die Organisation der Datenerfassung durchgeführt werden kann. Es wird zwischen der Patientenaufnahme, der Abrechnungsstelle, dem Pflegedienst und dem ärztlichen Dienst unterschieden. Die Segmente beinhalten alle Daten, die lt. § 301 SGB V gefordert werden.

	Daten / Informationen	Verantwortlichkeit			
		Patienten-aufnahme	Abrechnungs-stelle	Pflege-dienst	Ärztlicher Dienst
1	**Segment „Funktion"**				
a	Verarbeitungskennzeichen	x			
b	Laufende Nummer des Geschäftsvorfalls	x			
c	Institutionskennzeichen des Krankenhauses	x			
d	Institutionskennzeichen der Krankenkasse	x			

X = Empfehlung
(X) = Verantwortlichkeit ist im Einzelfall abzugrenzen

Verantwortlichkeit

	Daten / Informationen	Patienten-aufnahme	Abrechnungs-stelle	Pflege-dienst	Ärztlicher Dienst
2	**Segment „Information über den Versicherten"**				
a	Krankenversicherungs-nummer	x			
b	Versichertenstatus	x			
c	Gültigkeit der Versicherungskarte	x			
d	KH-internes Kennzeichen des Versicherten	x			
e	Fall-Nummer der Krankenkasse		(x)		
f	Aktenzeichen der Krankenkasse		(x)		
g	Tag des Beginns des Versicherungsschutzes	x			
3	**Segment „Adresse"**				
a	Name des Versicherten	x			
b	Vorname des Versicherten	x			
c	Geb.datum des Versicherten	x			
d	Straße und Hausnummer	x			
e	Postleitzahl und Wohnort	x			
f	Titel des Versicherten	x			
g	Länderkennzeichen	x			
4	**Segment „Aufnahme"**				
a	Aufnahmetag	(x)			(x)
b	Aufnahmeuhrzeit	(x)			(x)
c	Aufnahmegrund Fachabteilung				x
d	Voraussichtliche Dauer der KH-Behandlung				x
e	Arztnummer des einweisenden Arztes	x			
f	Institutionskennzeichen des veranlassenden KH	x			
g	Veranlassende Stelle bei Notfallaufnahme				x

X   = Empfehlung
(X) = Verantwortlichkeit ist im Einzelfall abzugrenzen

Verantwortlichkeit

	Daten / Informationen	Patienten-aufnahme	Abrechnungs-stelle	Pflege-dienst	Ärztlicher Dienst
5	**Segment „Einweisungs- und Aufnahmediagnose"**				
a	Aufnahmediagnose				x
b	Einweisungsdiagnose	(x)			(x)
6	**Segment „Dauer"**				
a	Aufnahmetag	x			
b	Voraussichtliche Dauer der Krankenhausbehandlung				x
c	Nachfolgediagnose, die ab dem … die Arbeitsunfähigkeit begründet, allein begründet hat				x
7	**Segment „Fachabteilung" zur Verlängerungsanzeige**				
a	Fachabteilung	(x)		(x)	(x)
b	Diagnose				x
8	**Segment „Text"**				
a	Medizinische Begründung				x
9	**Segment „Rechnung"**				
a	Rechnungsnummer		x		
b	Rechnungsdatum		x		
c	Rechnungsart		x		
d	Aufnahmetag	x			
e	Rechnungsbetrag		x		
f	Debitoren-Konto-Nr. des Krankenhauses		x		
g	Referenznummer des Krankenhauses		x		
10	**Segment „Zuzahlung"**				
a	Zuzahlungsbetrag		x		
b	Zuzahlungskennzeichen		x		

X   = Empfehlung
(X) = Verantwortlichkeit ist im Einzelfall abzugrenzen

Verantwortlichkeit

	Daten / Informationen	Patienten-aufnahme	Abrechnungs-stelle	Pflege-dienst	Ärztlicher Dienst
11	**Segment „Fachabteilung" zum Rechnungssatz**				
a	Fachabteilung		(x)	(x)	(x)
12	**Segment „Entgelt"**				
a	Entgeltart		x		
b	Entgeltbetrag		x		
c	Abrechnung von:		x		
d	Abrechnung bis:		x		
e	Entgeltanzahl		x		
f	Tage ohne Berechnung		x		
13	**Segment „Entlassung"**				
a	Entlassungsuhrzeit			(x)	(x)
b	Entlassungsgrund				x
c	Entlassungsdiagnose/ Verlegungsdiagnose				x
d	Institutionskennzeichen der aufnehmenden Institution		x		
14	**Segment „Entbindung"**				
a	Tag der Entbindung			x	
15	**Segment „Fachabteilung" zur Entlassung**				
a	Fachabteilung		(x)	(x)	(x)
b	Diagnose				x
c	Zusatzschlüssel Diagnose				x
d	Operation				x
e	Zusatzschlüssel Operation				x
f	Operationstag			(x)	(x)
16	**Segment „Reha, Behandlung, geeignete Einrichtung"**				
a	Durchgeführte Rehabilitationsmaßnahme			(x)	(x)
b	Vorschlag für die weitere Behandlung			(x)	(x)
c	Vorschlag für geeignete Einrichtung			(x)	(x)

X   = Empfehlung
(X) = Verantwortlichkeit ist im Einzelfall abzugrenzen

	Daten / Informationen	Verantwortlichkeit			
		Patienten-aufnahme	Abrechnungs-stelle	Pflege-dienst	Ärztlicher Dienst
17	**Segment „Rechnung" ambulante Operation ergänzt um die Daten**				
a	Honorarsumme		x		
b	Pauschale		x		
18	**Segment „Rechnungssatz ambulante Operation"**				
a	Fachabteilung	(x)			(x)
b	Behandlungsdiagnose				x
c	Arztnummer des überweisenden Arztes	x			
d	Überweisungsdiagnose	(x)			(x)
19	**Segment „Entgelt ambulante Operation"**				
a	Entgeltart		x		
b	Tag der Behandlung			x	
c	Punktezahl		x		
d	Punktewert		x		
20	**Segment „Einzelvergütung"**				
a	Einzelvergütung		x		
b	Einzelvergütung Erläuterung		x		

X   = Empfehlung
(X) = Verantwortlichkeit ist im Einzelfall abzugrenzen

Die Datenerfassung kann über zwei Verfahren geschehen:
1. Direkt: Erfassung am Ort der Leistungserstellung in ein EDV-System
2. Indirekt: Handschriftliche Erfassung und spätere Eingabe in das EDV-System
               der Krankenhausverwaltung.

Die Datenerfassung muß, unabhängig vom Verfahren, zeit- und leistungsnah geschehen. Die Daten des Aufnahmesatzes sind umgehend, das heißt binnen drei Tagen, an die Krankenkasse weiterzuleiten. Sie bilden die Grundlage für die Kostenübernahmeerklärung, die befristet von der Krankenkasse ausgesprochen werden kann. Verlängerungsanträge sind vor Ablauf des Zeitraums der Kostenübernahmezusage zu stellen.

Die Leistungsvergütung durch die Krankenkasse kann erst am Ende der Behandlung erfolgen, da die Hauptleistung nicht vorherbestimmbar ist. Um

Liquiditätsengpässe der Krankenhäuser zu vermeiden, sieht der Verordnungsgeber die zeitnahe Zahlung des Pflegesatzes vor (§ 17 Abs.1 Satz 3). Die Krankenkassen sind daher angehalten, Abschlagszahlungen an die Krankenhäuser zu leisten, wenn der Krankenhausaufenthalt eines Patienten voraussichtlich länger als eine Woche dauert. Im Budgetbereich sind dies tagesgleiche Pflegesätze, im Preisbereich Zahlungen in Form eines Teilbetrags auf die jeweilige Fallpauschale.

Neben der gesetzlichen Notwendigkeit nach § 301 SGB V sind die Krankenhäuser aus abrechnungstechnischen Gründen im Sinne einer leistungsgerechten Vergütung zu einer vollständigen Dokumentation gezwungen. Diese Daten stellen die Abrechnungs- und Prüfungsgrundlage dar. Darüber hinaus ist eine Dokumentation der Daten zur Erstellung der Leistungs- und Kalkulationsaufstellung zwingend notwendig (z.B. Formblatt L4 bzw. L5 der LKA). Aufgrund der hohen Bedeutung der LKA als zentrale Informationsgrundlage zur Bemessung der Budgets im Rahmen der Pflegesatzverhandlung sind die entsprechenden Daten in Abstimmung mit den ärztlich-/pflegerischen Mitarbeitern zu erarbeiten.

5.3.3 Handlungsempfehlungen zur Organisation der Abrechnung

5.3.3.1 Schaffung von Problembewußtsein im Krankenhaus

Im Krankenhaus zeichnen sich die Leitungsstrukturen traditionell durch eine bereichsbezogene, berufsständische Organisation der ärztlichen, pflegerischen und administrativen Bereiche aus. Folglich existiert eine dreigleisige Form der Leistungserstellung sowohl im Krankenhaus insgesamt als auch innerhalb der einzelnen Bereiche. Diese Situation führt zu Kommunikationsproblemen und erschwert den reibungslosen Informationsfluß. Beispielhaft sind einige strukturbedingte Schwierigkeiten aufgezeigt:
- Informationen zu einem Behandlungsfall werden nicht weitergegeben oder über den Dienstweg mit entsprechendem Zeitverzug weitergeleitet.
- Fehlende Leistungsdaten bedeuten eine Verzögerung der Abrechnung oder der in § 301 SGB V geforderten Übertragung von Daten an die Kostenträger.

Informationsverlust entsteht, weil die Bedeutung von Informationen für einzelne Mitarbeiter nicht erkennbar ist. Deshalb ist es notwendig, alle Mitarbeiter für diese Problematik zu sensibilisieren, die Akzeptanz für die Informationsnotwendigkeit zu erhöhen und Vorbehalte gegenüber modernen Informationstechnologien abzubauen. Dazu sollten zweckmäßigerweise Informationsveranstaltungen durchgeführt werden, in denen ausgehend von den gesetzlichen Anforderungen (§ 301 SGB V) die konkreten Informationsbedarfe dargestellt werden. Im weiteren lassen sich die Organisationseinheiten im Krankenhaus benennen, in denen die Informationen generiert werden können.

5.3.3.2 Leistungsdokumenation und Belegwesen

Voraussetzung für die Abrechenbarkeit der neuen Entgelte und der entsprechenden Leistungskombinationen ist eine lückenlose, patientenbezogene Leistungserfassung. Die einzelnen Fachabteilungen der Krankenhäuser führen zumeist interne medizinische Leistungsstatistiken. Die erhobenen Daten sind jedoch nicht zielorientiert im Hinblick auf betriebswirtschaftliche Überlegungen, Abrechnungen oder externe Qualitätssicherung erfaßt worden. Die vielerorts übliche Art der Datenerhebung über Strichlisten und Formulare ist umständlich, zeitaufwendig und führt zu Fehlern. Beispielhaft sind folgende Fehlerquellen aufgezeigt:

- <u>Fehler der Dokumentation</u>
  Informationen werden nicht erfaßt bzw. falsch oder unleserlich gekennzeichnet. Die fehlerhafte Dokumentation führt zu Nachfragen und zu Zeitverzug in der Bearbeitung bis hin zur Aufschiebung des Vorgangs.

- <u>Fehler bei der Informationsweitergabe</u>
  Bei der Belegweiterleitung werden Termine oder Fristen nicht beachtet oder Unterlagen unvollständig weitergereicht. Beides hat Leerzeiten und schlechte Planbarkeit von Arbeitsabläufen anderer Abteilungen, die die angeforderten Unterlagen als Arbeitsgrundlage benötigen, zur Folge.

- <u>Fehler bei der Archivierung</u>
  Durch falsche Archivierung werden Dokumente unauffindbar und sind somit nicht abrufbar. Die Folgen sind Mehrarbeit, Mehrkosten und doppelte Archivierung durch erneute Untersuchungen und Dokumentationen.

Aufgrund der in den Krankenhäusern gegenwärtig noch unzureichenden Unterstützung der Leistungserfassung durch DV-gestützte Instrumente kommt dem Belegwesen zur Bewältigung der Dokumentationsaufgaben ein große Bedeutung zu. Dies gilt nicht nur unter dem Aspekt der Abrechnung von Krankenhausleistungen, sondern gleichfalls zur Sicherstellung der Qualität der medizinisch-/pflegerischen Leistungen (vgl. Kap. 4). Um eine effektive Leistungserfassung mittels Belege sicherzustellen, müssen die Krankenhäuser das vorhandene Belegwesen kritisch untersuchen, die internen Abläufe im Sinne eines Prozeßmodells abbilden und vor dem Hintergrund der Informationsbedarfe zur Abrechnung und Qualitätssicherung organisatorische Umgestaltungsmaßnahmen durchführen.

5.3.3.3 Medizinische Verantwortung bei der Abrechnung von Krankenhausleistungen

Aufgrund der Komplexität der einzelnen Abrechnung und ihrer finanziellen Auswirkungen ist zu empfehlen, daß je medizinischer Fachabteilung ein Arzt als Verantwortlicher benannt wird. Dieser Mitarbeiter hat die Aufgabe, alle abrechnungsrelevanten Daten zusammenzuführen und der Verwaltung zur Abrechnung weiterzuleiten.

Die Vorteile dieser Organisationsform bestehen darin, daß einerseits eine koordinierte Form der Aufbereitung der Daten erfolgt und andererseits durch Schulung und praktische Erfahrung hoher abrechnungstechnischer Sachverstand im medizinischen Bereich entsteht. Des weiteren kann dieser Mitarbeiter auch als Ansprechpartner für etwaige Rückfragen seitens der Krankenkassen benannt werden.

6 Überführung ICD-9 auf ICD-10

6.1 Allgemeines

„Gesundheitspolitik bewegt sich im Spannungsfeld zwischen steigenden Kosten und begrenzten Ressourcen. Es ist daher unumgänglich, das Leistungsgeschehen im Gesundheitswesen transparent zu machen, um einen leistungsgerechten Einsatz der vorhandenen Mittel sicherzustellen. Voraussetzung dafür ist der Einsatz geeigneter Klassifikationen zur Erhebung von verschlüsselten Morbiditäts- und Leistungsdaten sowohl im stationären als auch im ambulanten Bereich. Darüber hinaus sind Klassifikationen eine unabdingbare Voraussetzung für die Entwicklung neuer Vergütungsformen, die es erlauben, die erbrachten Leistungen stärker am Leistungsbedarf zu orientieren."
(Schreiben des Kuratoriums für Fragen der Klassifikation im Gesundheitswesen vom 06.06.1999 an Gesundheitsministerin Frau Fischer)

Die Umstellung von ICD-9 auf ICD-10 (ICD = Internationale statistische Klassifikation der Krankheiten und verwandter Gesundheitsprobleme) ist nach jahrelanger Diskussion Realität geworden. Mit der Veröffentlichung im Bundesanzeiger Nr. 124 vom 8. Juli 1999 hat das Bundesministerium für Gesundheit für die Diagnosekodierung gemäß § 301 SGB V den ICD 10 verbindlich vorgegeben. Das Inkraftsetzen erfolgte zum 1.1.2000. Die Krankenhäuser müssen nunmehr (wie auch die Vertragsärzte) die Diagnosen auf den Abrechnungsunterlagen, Arbeitsunfähigkeitsbescheinigungen etc. nach den Schlüsselnummern der ICD 10 angeben. Maßgebend ist die Version „ICD 10 - SGB V", Version 1.3.

Die ICD-10-SGB V Version stellt eine Überarbeitung der ICD-10 der WHO (Weltgesundheitsorganisation) dar. Die WHO-Fassung in der Version 1.0 war im Bundesanzeiger vom 27.7.95 bereits vom BMG für den vertragsärztlichen Bereich mit Wirkung zum 1.1.96 bekanntgemacht worden. Eine verbindliche Einführung unterblieb jedoch, weil es zu massiven Protesten auf der Leistungserbringerseite, insbesondere von den ärztlichen Standesvertretungen, gekommen war.

Aufgrund dieser Einwände hatte das BMG unter Leitung des DIMDI (Deutsches Institut für Dokumentation und Information) eine Arbeitsgruppe, bestehend aus Vertretern/Experten der Deutschen Krankenhausgesellschaft (DKG), der Kassenärztlichen Bundesvereinigung (KBV) und der Spitzenverbände der Krankenkassen (GKV) eingesetzt. Auf der Grundlage der Bundesrahmenvereinbarung nach § 303 Abs. 1 Nr. 2 SGB V vom 2.2.96 wurde die ICD-10, Version 1 überarbeitet. Die jetzt in Kraft gesetzte Version „ICD-10 SGB V" Version 1.3 stellt das Ergebnis dieser Überarbeitung dar.

Wesentlichste Punkte der Überarbeitung sind:

- Eliminierung der vierstelligen Schlüssel für Diagnosen, die in Deutschland bzw. Mitteleuropa nicht vorkommen (beliebtes Beispiel: Krokodilsbiß)
- Nichtberücksichtigung des Kapitels XX. „Äussere Ursachen von Morbidität und Mortalität" (bis auf wenige, die Unfallversicherung tangierende Tatbestände)
- Einschränkung des Kapitels XXI. „Faktoren, die den Gesundheitszustand beeinflussen und zur Inanspruchnahme des Gesundheitswesens führen"(in der Regel keine Diagnosen)
- Kenntlichmachung (typographische Hervorhebung) der im Rahmen einer Definition eines „Minimalstandards" in Frage kommenden Diagnosen. Es handelt sich dabei um ca. 3.000 Codes, die für die Verschlüsselung in der hausärztlichen Versorgung als ausreichend angesehen werden. Der „Minimalstandard" hat keine Relevanz für den stationären und den speziellen fachärztlichen Bereich.
- Einführung von Zusatzkennzeichen für die Diagnosesicherheit und Seitenlokalisation. Für die Diagnosesicherheit werden die drei Kriterien

  V Verdachtsdiagnose

  Z Zustand (symptomlos) nach einer Diagnose

  A Ausschluß einer Diagnose

herangezogen, für die Lokalisation (lateralität)

  L links

  R rechts

  B beidseits.

Nachdem das Ergebnis der Überarbeitung vorlag, sprach sich das Kuratorium für Fragen der Klassifikation im Gesundheitswesen (KKG) für die Einführung der ICD 10 - SGB V aus. In diesem Kuratorium arbeiten die Deutsche Krankenhausgesellschaft, die Kassenärztliche Bundesvereinigung, die Bundesärztekammer, die Arbeitsgemeinschaft medizinisch-wissenschaftlicher Fachgesellschaften, die Träger der Renten- und Unfallversicherung sowie die Spitzenverbände der GKV und der PKV-Verband zusammen und beraten das BMG sowie das DIMDI in Fragen der Klassifikation. In einem gemeinsamen Schreiben vom 6. Januar 1999 aller im KKG beteiligten Organisationen an die Gesundheitsministerin Frau Fischer wurde die umgehende Einführung der ICD 10 SGB V gefordert.

Das Gesundheitsministerium hat dieser Aufforderung sehr rasch mit der Bekanntmachung vom 8.7.99 entsprochen. Unverständlich danach, daß aus dem Kreise derer, die die rasche Einführung über das KKG gefordert hatten, Kritik laut und die Entwicklung als übereilt dargestellt wurde. Unbestritten wird die Einführung nicht reibungslos verlaufen. Die Umstellungsprobleme bestünden aber ohnehin jedesmal, so daß der Zeitpunkt keine Rolle spielt.

6.2 Gültigkeit des ICD-10 im Jahre 2000

Für die beteiligten Institutionen auf der Krankenhaus- und Kostenträgerseite bestand mit der „Amtlichmachung" der ICD-10 SGB V die Aufgabe, die Vorgaben umzusetzen. Insbesondere stand hierbei die Zuordnung der ICD-10-Positionen zu den Fallpauschalen und Sonderentgelten im Vordergrund. Die DKG und die Spitzenverbände der GKV verständigten sich im Koordinierungsausschuss rasch auf die Einsetzung einer Arbeitsgruppe „Codierung". Die Mitglieder dieser Arbeitsgruppe verständigten sich über die inhaltliche Zuordnung, so daß die Gremien der DKG und der Spitzenverbände der Krankenkassen sowie des PKV-Verbandes am 16.12.99 die Verträge beschließen und die fertigen Entgeltkataloge, gültig ab 1.1.2000, mit den ICD-10 SGB V Zuordnungen verabschieden konnten. Die Veröffentlichung erfolgte im Bundesanzeiger Nr. 245 vom 28. Dezember 1999.

Sowohl die Krankenhaus- wie auch Kostenträgerseite war sich darüber im klaren, daß die kurzfristige Inkraftsetzung des ICD-10 SGB V und die Zuordnungen zu den Fallpauschalen und Sonderentgelten nicht umfassend zum 1.1.2000 umgesetzt werden konnten. Insbesondere mußte auch die bestehende Datenübermittlungsvereinbarung berücksichtigt werden, die bislang nur ein Datenfeld für einen vierstelligen Schlüssel vorsah und auf den ICD 9 ausgerichtet war. DKG, Spitzenverbände der GKV und der PKV-Verband verständigten sich daher auf ein praktikables Verfahren. In der Vereinbarung vom 16.12.99 wurde festgelegt, daß der ICD-10 SGB V ab 1.1.2000 anzuwenden ist. Gleichzeitig wurde aber in den neuen überarbeiteten Entgeltkatalogen eine Spalte 3 b eingefügt, in der die ICD 9-Zuordnungen „nachrichtlich" aufgeführt werden. Diese nachrichtliche Angabe der ICD 9-Positionen erfolgt im Jahre 2000 ein- bzw. letztmalig. Inoffiziell wird damit signalisiert, daß man die ICD 9 – obwohl eigentlich außer Kraft – auch in den ersten Monaten des Jahres 2000 noch akzeptiert. DKG und Spitzenverbände der GKV/PKV-Verband haben sich in einer Protokollierung dahingehend verständigt, Sanktionen (Nichtbezahlung von Rechnungen) gem. § 303 Abs. 3 SGB V nicht greifen zu lassen, wenn – so der Tenor – wegen technischer Umstellungsprobleme die Diagnosenangabe im Jahre 2000 nicht von Beginn an gesetzeskonform abläuft; im Klartext: wenn also in 2000 die ICD 9 noch angegeben wird, wird die Rechnung trotzdem bezahlt.

Hierbei handelt es sich allerdings lediglich um eine Empfehlung der Vertragspartener DKG und GKV/PKV auf Bundesebene. Ob sich eine einzelne Krankenkasse dieser Empfehlung anschließt, bleibt ihre alleinige und autonome Entscheidung.

6.3   Übergang auf den ICD-10

DKG und die Spitzenverbände der Krankenkassen/PKV-Verband haben sich darauf verständigt, kurzfristig die Datenübermittlungsvereinbarung anzupassen. Das Bundesministerium für Gesundheit hat durch das GKV-Gesundheitsreformgesetz den § 301 SGB V modifiziert und die Worte „nach dem vierstelligen" in Absatz 2 eliminiert. Damit ist die Einschränkung auf den vierstelligen ICD entfallen und der Weg frei für die 5. und 6. Stelle des ICD-10 SGB V sowie evtl. Zusätze. Da die derzeit gültige Datenübermittlungsvereinbarung jedoch nur vier Stellen für den Diagnosecode vorsieht, wurden in den Entgeltkatalogen für das Jahr 2000 auch nur vierstellige ICD-10 SGB V Zuordnungen zu den Fallpauschalen und Sonderentgelten vorgesehen.

Die Anpassung der Datenübermittlungsvereinbarung erfolgt zum 1.7.2000. Für die Diagnoseverschlüsselung werden zwei Datenelementgruppen vorgesehen, einmal für die Primär-Diagnose und einmal für die Sekundär-Diagnose. Beide Gruppen sehen für den Diagnoseschlüssel ein alphanumerisches Feld mit bis zu 9 Stellen vor. Zusätzlich gibt es je ein Kennfeld für die Lokalisation (R, L oder B) und für die Qualifizierung (V, Z oder A). Die Angaben der Kreuz-Stern-Systematik bei den Sekundär-Diagnosen sind Bestandteil des Diagnoseschlüssels.

Die Zuordnung der ICD-10 SGB V zu den Fallpauschalen und Sonderentgelten erfolgte unter der Prämisse, im Ergebnis neutral gegenüber den ICD 9-Zuordnungen zu bleiben. D.h., es sollten keine medizinischen Prozeduren durch die ICD Umstellung aus den Fallpauschalen/Sonderentgelten heraus- oder neu hineininterpretiert werden. Dies hat insbesondere den kalkulatorischen Hintergrund bei der Bemessung des Finanzvolumens, das im Rahmen der Ermittlung des Restbudgets vom Gesamtbudget eines Krankenhauses in Abzug zu bringen ist.

Es ist jedoch grundsätzlich möglich, mit dem ICD-10 SGB V die Indikationen/Diagnosen wesentlich klarer abzugrenzen und damit deutlicher festzulegen, welche Fälle unter die Fallpauschalen/Sonderentgelte einzuordnen sind bzw. welche nicht. Dieser Effekt verstärkt sich, wenn auch die 5. und 6. Stelle des ICD-10 SGB V genutzt wird. Von daher haben sich die DKG und die Spitzenverbände der GKV/der PKV-Verband darauf verständigt, im Jahre 2000 die ICD-10 SGB V Zuordnungen zu spezifizieren und um die 5. und 6. Stellen zu ergänzen, wo dies zur Klarstellung notwendig ist. Diese Änderungen sollen dann zum 1.1.2001 in Kraft treten.

Nach wie vor ist allerdings die Grundregel maßgebend, daß der ICD-10 SGB genauso wie auch der ICD 9 nicht abschließend alle Diagnosecodes für die jeweilige Fallpauschale beinhaltet. Die Abrechnungsbestimmung Nr. 2 b gilt nach wie vor, daß der Diagnoseschlüssel nach der ICD (Spalte 3) die Fallpauschalen **ergänzend** zu Spalte 4 (OPS-Schlüssel) abgrenzt. Die Fallpauschale ist auch bei

„entsprechenden" Diagnosen abzurechnen, wenn die erbrachte Leistung nach Art und Aufwand der Leistung entspricht, die der Fallpauschalendefinition zugrunde liegt. Damit wird klargestellt, daß für die Fallpauschalen-Zuordnung die Prozedur primär und die Indikation sekundär maßgebend ist.

Eine weitere Abrechnungsregel wurde erforderlich, um den Umgang mit den Kennzeichnungen für die Seitenlokalisation festzulegen. Z.B. muß ein beidseitiger Befall nicht zwangsläufig auch eine beidseitige Behandlung mit sich bringen. Der Umgang mit den Kennzeichen R, L und B wird in der neuen Abrechnungsregel Nr. 9 festgelegt.

Das DIMDI hat unter seiner Internet-Adresse: http://www.dimdi.de neben den Schlüsselwerken auch einen Diagnosen-Thesaurus sowie eine Umschlüsselungstabelle veröffentlicht und frei zugänglich gemacht. Dort sind auch Informationen über Details und Besonderheiten des neuen ICD-10 SGB V-Schlüssels erhältlich.

7 Zukünftiges Entgeltsystem

Der Gesetzgeber hat die Spitzenverbände der Krankenkassen, den Verband der privaten Krankenversicherung sowie die Deutsche Krankenhausgesellschaft beauftragt, gemeinsam das pauschalierte Entgeltsystem für die allgemeinen Krankenhausleistungen weiterzuentwickeln. Dabei gelten folgende Rahmenbedingungen: Es soll

- leistungsorientiert sein,
- unterschiedliche Schweregrade berücksichtigen und
- von seinem Differenzierungsgrad praktikabel sein.

Bei der Weiterentwicklung sollen sich die Vereinbarungspartner an dem bereits in den USA erprobten Vergütungssystem der Diagnosis Related Groups (DRG) orientieren. Das DRG-System stellt ein leistungsorientiertes Komplettsystem dar, welches Schweregrade berücksichtigt und in den USA sich als grundsätzlich praktikabel erwiesen hat.

Sollten sich die Vereinbarungspartner nicht rechtzeitig auf ein neues Vergütungssystem verständigen, sieht der Gesetzgeber vor, daß die Bundesregierung per Rechtsverordnung ein Vergütungssystem festlegt. Der Gesetzgeber sieht die Einführung des neuen Entgeltsystem zum 01. Januar 2003 vor.

Da ein pauschales Entgeltsystem sowohl volks- wie auch betriebswirtschaftlich sinnvoll ist und somit für alle Selbstverwaltungspartner Vorteile bietet, haben diese sich grundsätzlich für die gemeinsame Weiterentwicklung ausgesprochen. Allerdings ist es erforderlich, daß die unterschiedlichen Interessen der Selbstverwaltungspartner ausgewogen Berücksichtigung finden.

Die wesentlichen Eckpunkte in der Diskussion um die Weiterentwicklung des Vergütungssystems werden nachfolgend erläutert.

7.1 Vollständigkeit des pauschalen Vergütungssystems

Für Krankenkassen und Krankenversicherungen einerseits und die Krankenhäuser andererseits bietet ein pauschales Entgeltsystem ein Finanzierungsinstrument für eine leistungsgerechte Vergütung. Durch die Wirkung einheitlicher Preise für gleiche Leistungen profitieren Krankenhäuser, indem sie durch Kosteneinsparungen Gewinne realisieren können. Für die Kostenträger bewirkt ein pauschales

Entgeltsystem mehr Transparenz über die Leistungen eines Krankenhauses als Grundlage der Entgeltbemessung.

Mit der Einführung der BPflV ´95 werden mehr oder weniger große Teile des Leistungsspektrums operativer Fachgebiete über Fallpauschalen abgedeckt; für die konservativen Fachdisziplinen existieren nur wenig Fallpauschalen (Knochenmarktransplantationen, FP 11.01 bis 11.06). Und selbst in Fachgebieten wie der Herzchirurgie, die bereits heute zum großen Teil über Fallpauschalen abgedeckt wird, existieren noch komplexe Hauptleistungen, die nicht über das derzeit bestehende, pauschale Entgeltsystem erfaßt werden. Dies hat zur Folge, daß sowohl auf der Ebene der Fachabteilungen, wie auch auf der Ebene des gesamten Krankenhauses unterschiedlich große Restbudgets vorhanden sind, die nach wie vor über tagesgleiche Pflegesätze finanziert werden.

In der Vergangenheit ist es durch das Nebeneinander von pauschalem und tagesgleichem Entgeltsystem zu dem unerwünschten Effekt des „Verschiebebahnhofs" gekommen: die Krankenkassen mußten befürchten, daß sie im Rahmen des Erlösabzugs über das Restbudget das Pauschalbudget subventionieren; die Krankenhäuser ihrerseits mußten befürchten, daß sie beim Erlösabzug Einsparungen bei den Fallpauschalenleistungen nicht realisieren können.

Die Vorzüge eines pauschalen Entgeltsystems können ihre volle Wirkung also erst durch ein Komplettsystem entfalten, in dem sämtliche Leistungen des Krankenhauses über pauschale Entgelte finanziert werden.

In den schneidenden Fächern sind diese Fallpauschalen im wesentlichen über die operative Hauptleistung definiert; in den konservativen Fachgebieten wird die Kombination von Diagnosen und Prozeduren zur Identifikation einer Fallpauschalenleistung an Bedeutung gewinnen, insbesondere dann, wenn Fallpauschalen nach Morbiditätskriterien differenziert werden.

Zu bedenken ist, daß auch in einem Komplettsystem nicht alle Fach- und Funktionsbereiche eines Krankenhauses mit eigenständigen Fallpauschalen vertreten sein werden. Zu nennen ist hier beispielsweise die Radiologie, die Anästhesie oder das Labor, deren Leistungen für sich alleine genommen keinen stationären Aufenthalt begründen. Die Kosten, die in diesen Bereichen im Rahmen einer Fallpauschalenbehandlung entstehen, müssen folgerichtig über die Fallpauschalenerlöse finanziert werden. Aus diesem Grunde nimmt die Bedeutung der innerbetrieblichen Leistungsverrechnung im Krankenhaus weiter zu, verbunden mit dem Aufbau einer Kostenträgerrechnung.

7.2   Schweregradabstufung

Eine Fallpauschale vergütet die Leistungen eines Behandlungsfalles pauschal, d.h. unabhängig von den erforderlichen Ressourcenaufwand im *Einzelfall.* Die Höhe der Fallpauschalenvergütung orientiert sich dabei an den *durchschnittlichen* Leistungen, die zur Behandlung *aller Patienten* einer Fallgruppe (Grundgesamtheit) aufgewendet werden müssen. Da vermutet wird, daß die Risikoprofile der behandelten Patienten von der Struktur, dem Versorgungsauftrag und der Größe eines Krankenhauses abhängen, müssen zum Zwecke der empirischen Kostenermittlung als Grundlage für die Bestimmung der Entgelthöhen bei der Stichprobenziehung Krankenhäuser unterschiedlicher Größenklassen, Versorgungsstufen und Trägerschaften berücksichtigt werden. Durch diesen Ansatz ist eine repräsentative Patientenauswahl zu erreichen.

Beispielsweise sind bei der Kalkulation der laparoskopischen Appendektomie als Hauptleistung (FP 12.06) sowohl junge, gesunde Patienten wie auch ältere Patienten mit Begleiterkrankungen bei der Stichprobenziehung berücksichtigt worden.

Begleiterkrankungen können dazu führen, daß vermehrt diagnostische Leistungen erforderlich sind, ein höheres OP-Risiko besteht und postoperativ die Wahrscheinlichkeit für das Auftreten von Komplikationen (z.B. Wundheilungsstörungen) erhöht ist. In diesen Fällen ist zweifellos ein Mehraufwand erforderlich, der aus der Fallpauschale finanziert werden muß.

Aus der Sicht des einzelnen Krankenhauses ist dies solange unschädlich, wie der Fallmix des Krankenhauses eine ähnliche Risikoverteilung aufweist wie die der Kalkulation zugrunde liegende Stichprobe: in diesem Fall wird der erforderliche Mehraufwand bei Patienten mit Begleiterkrankungen durch den Minderaufwand bei jungen, gesunden Patienten kompensiert. Voraussetzung für einen ausgewogenen Fallmix ist in jedem Fall eine ausreichend große Fallzahl, um die erforderliche Risikostreuung zu erreichen.

Problematisch wird es allerdings dann, wenn die Streuung des Behandlungsrisikos einseitig zur einen oder anderen Seite abweicht (s. Abb. 7.1). In diesen Fällen deckt sich das mittlere Risiko des krankenhauseigenen Fallmixes nicht mehr mit dem mittleren Risiko der (der Preisermittlung) zugrundeliegenden Stichprobe. Kommt es einseitig zu einer Häufung schlechter Risiken, tritt eine „Rechtsverschiebung" ein (Krankenhaus B), werden häufiger bessere Risiken behandelt, kommt es zu einer „Linksverschiebung" des Risikoprofils (Krankenhaus A). Vgl. hierzu auch: M. Niechzial, F. Tschubar, H. Schmitz, E. Nagel: Sichern Fallpauschalen eine leistungsgerechte Vergütung? Chirurg BDC, 38. Jg. , Nr. 2/1999, S. 32-35.

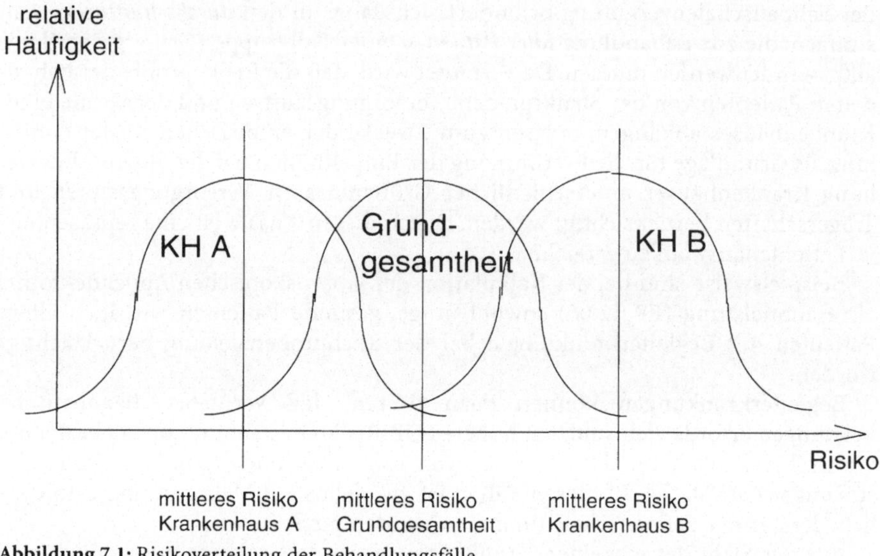

Abbildung 7.1: Risikoverteilung der Behandlungsfälle

Bei Krankenhaus A kommt es durch die Linksverschiebung zu einer finanziellen Überdeckung, während es bei Krankenhaus B zu einer finanziellen Unterdeckung kommt, obwohl es durchaus leistungsfähig ist und wirtschaftlich arbeitet. Ursachen für eine derartige Ungleichverteilung können begründet liegen

- in der regionalen Versorgungssituation (Versorgungsauftrag)
- in ausgewiesenen Leistungsschwerpunkten (Spezialisierung)
- im interdisziplinären Angebot (Präsenz weiterer Fachabteilungen, die eine Selektion im Interesse des Patienten erforderlich machen)

Aus Sicht eines individuellen Krankenhauses ist die zentrale Forderung einer leistungsgerechten Vergütung verletzt. Und auch die Krankenkassen müßten im Fall einer Realisierung des oft diskutierten Einkaufsmodells befürchten, daß bei einem Wegfall des Kontrahierungszwanges eine Selektion zu Lasten der schlechten Risiken einsetzt. Aus diesem Grund ist eine Schweregradabstufung des Fallpauschalensystems für beide Seiten sinnvoll und notwendig.

Das amerikanische DRG-System berücksichtigt beispielsweise Schweregrade, die über zusätzliche Diagnosen- und Prozedurenschlüssel identifiziert werden. Gleichgültig wie ein weiterentwickeltes bundesdeutsches Entgeltsystem konkret aussehen wird: eine Schweregradabstufung erfordert in verstärktem Maße eine vollständige Dokumentation medizinischer Befunde und Prozeduren als Voraussetzung für eine Realisierung leistungsgerechter Entgelte als wesentliche Finanzierungsgrundlage des Krankenhauses. Die Bedeutung dieser Aufgabe erfordert eine genaue Kenntnis von Aufbau und Funktionsweise des Entgeltsystems.

7.3 Strukturelle Aufgaben

Über die ärztlichen und pflegerischen Maßnahmen sowie die Unterbringung im Zusammenhang mit einer stationären Krankenhausbehandlung hinaus übernehmen Krankenhäuser z.T. weitere Aufgaben: dazu gehören beispielsweise die Ausbildung von Pflegekräften oder die Sicherstellung der regionalen Notfallversorgung. Bei akademischen Lehrkrankenhäusern kommen Aufgaben der studentischen Ausbildung hinzu, bei Universitätskliniken Forschungsaufgaben. Denkbar ist auch, daß die historisch gewachsene Bausubstanz eines Krankenhauses erhöhte Betriebskosten erfordert, die auf Dauer nicht aus der Fallpauschale finanziert werden können.

Die oben genannten Besonderheiten stellen strukturelle Aufgaben eines Krankenhauses dar, in denen sich die Krankenhäuser erheblich unterscheiden können. Aus diesem Grund macht es keinen Sinn, strukturelle Aufgaben anteilig über Fallpauschalenerlöse zu finanzieren, deren Preise für alle Krankenhäuser einheitlich gelten sollen, damit das Entgeltsystem seine Steuerungswirkung voll entfallen kann. Aus diesem Grund wird eine getrennte Finanzierung von Aufwendungen zur Durchführung von strukturell bedingten Aufgaben durch die Krankenhäuser notwendig. Diese Situation ist der nachfolgenden Abbildung dargestellt:

Aufgaben	Finanzierung
Ärztliche u. pflegerische Maßnahmen im Zusammenhang mit stationärer KH-Behandlung	Pauschalierte Entgelte
Strukturelle Aufgaben • Ausbildung • Sicherstellung Notfallversorgung • Lehre • Forschung • …	Additive Entgelte

Abbildung 7.2: Zusätzliche Finanzierung im Pauschalsystem

Die separaten Erlöse zur Finanzierung der strukturellen Aufgaben müssen in Verhandlungen mit den jeweiligen Kostenträgern (Krankenkassen, Wissenschaftsministerien) geregelt werden.

Zur Beurteilung der Angemessenheit der Finanzierung der strukturellen Aufgaben können aufgabenspezifische Kennziffern herangezogen werden. Diese Kennziffern stellen Outputgrößen oder Kostentreiber dar. Im Falle der Ausbildung von Pflegekräften und des ärztlichem Nachwuchses eignen sich als Grundlage für Kennziffern beispielsweise die Anzahl der Auszubildenden Personen. Im Bereich der Forschung werden als Kennziffern zunehmend die Höhe der Drittmitteleinwerbungen sowie die Anzahl und Qualität der Publikationen diskutiert.

Der Vorteil der sektoralen Betrachtungsweise der einzelnen strukturellen Aufgabenbereiche gegenüber einer globalen Betrachtung des Gesamtbudgets liegt in der höheren Transparenz, die die Vergleichbarkeit innerhalb der Sektoren zwischen verschiedenen Krankenhäusern erleichtert. Dadurch wird der Forderung einer leistungsgerechten Finanzierung auch bei den strukturellen Aufgaben Rechnungen getragen.

Unabdingbare Voraussetzung für die getrennte, verursachungsgerechte Finanzierung der unterschiedlichen Aufgabenbereiche ist eine detaillierte Kosten- und Leistungsrechnung im Krankenhaus; sie ist bereits heute notwendig um ein Krankenhaus betriebswirtschaftlich intern zu steuern.